一生役に立つ

…ならない

「ひとり暮らし」ハンドブック

光文社

はじめに

親にあれこれ言われない。
誰と一緒にいてもいい。
好きなときに寝て、好きなときに起きる。
自由気ままな、憧れのひとり暮らし。

でも、いざひとり暮らしをすると、毎日が失敗の連続です。
実は、著者である私自身、二度のひとり暮らし経験があり
数々の失敗を重ねています。

初めてひとり暮らしをしたときは、料理をまったくしませんでした。
毎日3食、中食や外食をしていたら、

知らず知らずの間に心がすさんで
元気もお金もなくなり、実家に逃げ帰りました。

二度目のひとり暮らしでは、住む場所を間違えました。
私が選んだのは、東京でも有数の歓楽街。
夜中になると「バカヤロー！」という大声とともに
何かを蹴り飛ばすような音が聞こえてきました。

ひとり暮らしをしていたら、想定外の災難が降りかかり
すっかり元気をなくしてしまう人もいます。
それは決して、めずらしいことではないのです。

実際、ひとり暮らしを経験した人に話を聞くと
「本当にあった怖い話」が次々に出てきます。

「カギをかけ忘れ、寝ている間に泥棒に入られた」
「発熱時に食べられるものがなくて、死にそうになった」
「押しかけてきた恋人から性暴力を振るわれ、妊娠してしまった」

ひとり暮らしをすると「うつ病」になるリスクが上昇する
という研究結果もあります。

ひとり暮らしは「できて当たり前」ではありません。
毎日、毎日、生きるために必要な作業を
たったひとりで続けていくのは、実はとても大変なことなのです。

ひとり暮らし歴の長い先輩たち約１００人に
アンケート調査を行ったところ
「これからひとり暮らしをする人に、
同じような失敗や後悔をしてほしくない」

という言葉とともに、約1000件ものアドバイスが集まりました。

この本には、ひとり暮らしの先輩たちの切実な想いと
専門家に聞いた、役立つ情報が詰まっています。

「なんだか疲れたなぁ」と感じたら
この本を参考に、心がラクになる暮らし方を、探してみてください。

これからひとり暮らしを始める方にも
暮らしのガイドブック兼おまもりとして
この本を手にとっていただけたら、とても嬉しく思います。

目次

第2章 食

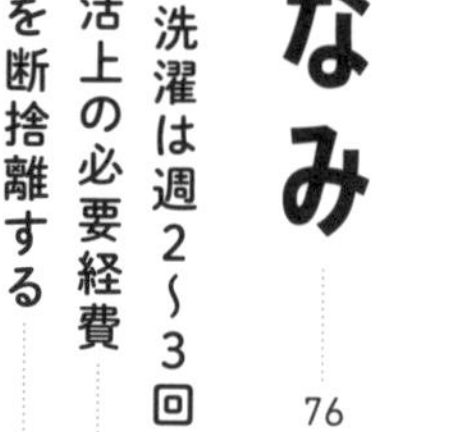

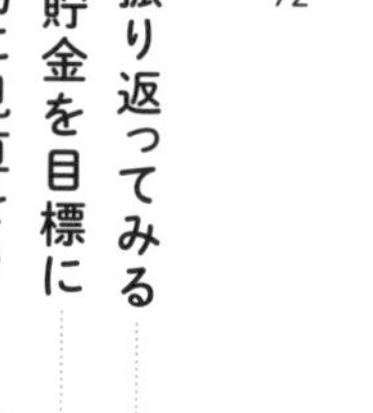

第6章 人間関係

第7章 メンタルケア

巻末付録

トラブルガイドライン……164

序章

「セルフ・ネグレクト」という言葉を知っていますか？

「セルフ・ネグレクト」とは
生活環境や栄養状態が
悪化しているのに、気力を失い
周囲に助けを求めない状態のこと。

ひとり暮らしをするうえで
一番怖いのが、これ。

自由な生活は、ラクかもしれない。

でも、自分を大切にしない生活を
続けていたら、いつの間にか
しんどくなってしまいます。

しんどくなる原因1

心地よくない部屋

部屋の一部分だけでも
清潔にしておくと
心の疲れがたまりにくい

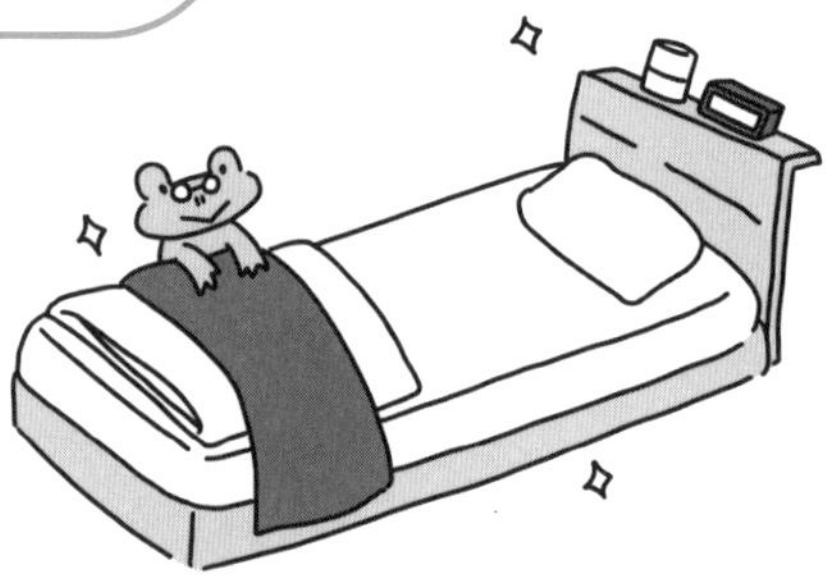

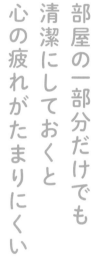

自分の部屋は、あなたが毎日過ごす場所。
わかっているけど、忙しくてなかなか片付けられない。
片付けが苦手で、ものがたまる一方。
そういう人も、きっといますよね。

でも、不衛生な部屋で過ごすということは、毎日自分に対して
「自分には汚い部屋がお似合いだ」と言っているようなもの。
部屋にいるだけで、「どうせ自分なんてこんなもの」という
無言のメッセージが積み重なり
自分を大切にする気持ちが、減ってしまいます。

トイレでも、お風呂でも、ベッドの上だけでもいい。
自分がよく目にする場所や
リラックスする場所を清潔にしておくと
しんどくなったときに、回復しやすくなりますよ。

しんどくなる原因2

心と体を大事にしない食事

健康を気にしつつ
楽しく
好きなものを食べよう

おいしいごはんを食べるには、時間やお金がかかります。
でも、**無理に節約や我慢をするのは、おすすめできません。**
後日、体調を崩す可能性があるからです。

大切なのは、最低限
「自分の心と体を大切にしている」と思えるものを食べること。

忙しかったり、疲れていたり、お金がなかったりして
食事が適当になる日もあるでしょう。
そんなとき「手抜きをしてしまった」
「体に悪いものを食べてしまった」
「お金のムダだった」と、自分を責めなくても大丈夫。
「今日もごはんを食べてえらいね」と
自分を褒めることから、始めましょう。

しんどくなる原因3

身だしなみをおろそかにすること

鏡を見て「いいね」と思えるポイントをつくろう

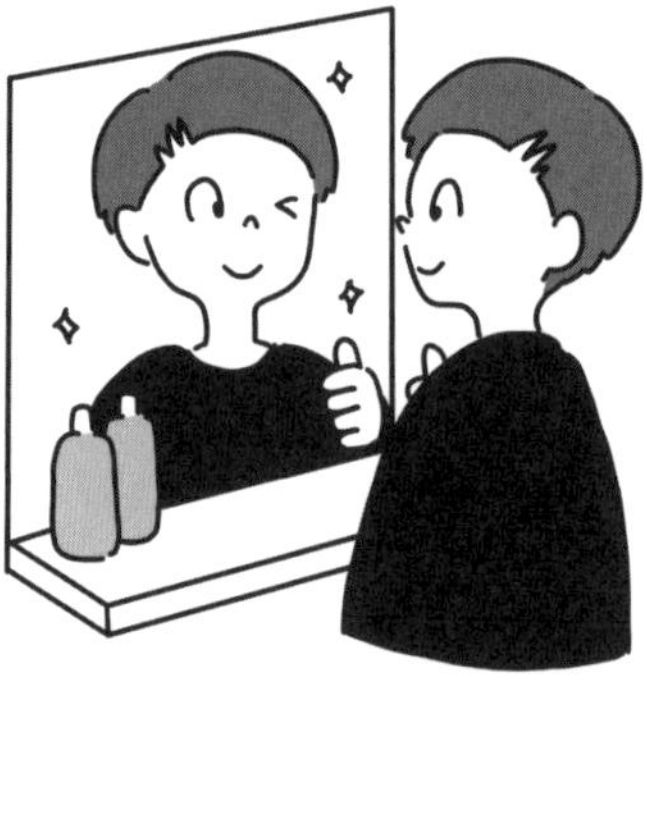

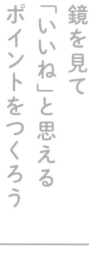

顔や体型を、一瞬で変えることはできません。
でも、**髪や爪、衣服を清潔にする**ことなら
今日から簡単に始められますよ。

ポイントは、鏡を見たときや、指先を見たとき
自分で「いいね」と思えるようにすること。

身だしなみを整える、という行為は
自分を大事にするための、第一歩です。
「自分の見た目が嫌い。
だから、身だしなみなんてどうでもいい」と思う日こそ
少しずつ実践してみませんか。

しんどくなる原因4

お金の管理をしない生活

まずは支出と収入を洗い出してみよう

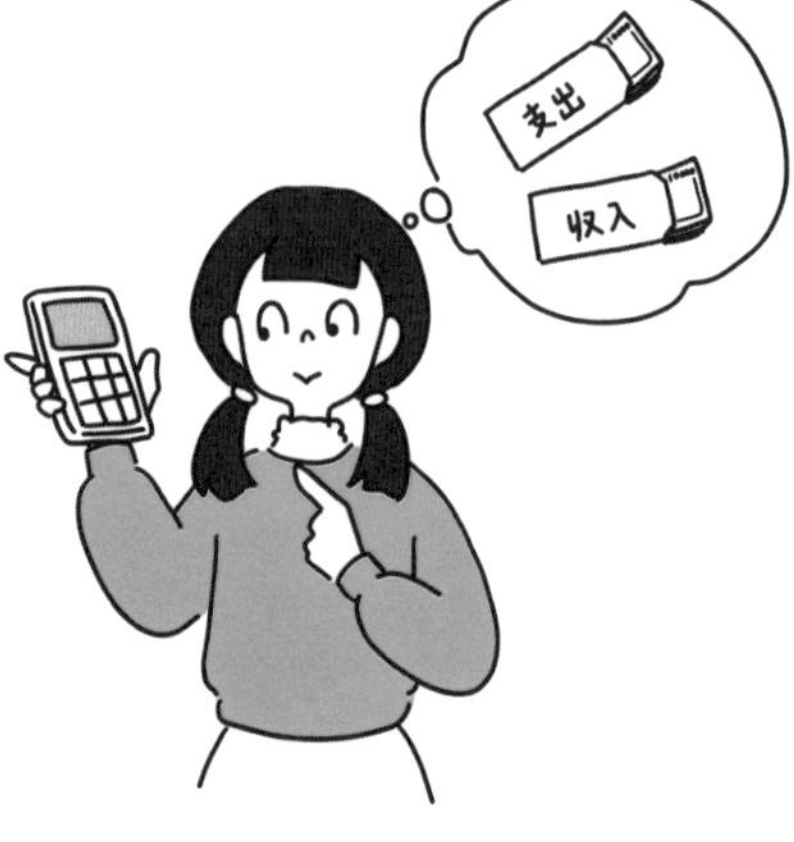

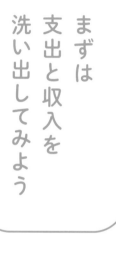

「予想外の出費があった」
「生活費が足りない」
など、**お金のトラブルが起きれば**
どうしても気分が沈んでしまいます。

とはいえ、学校では教えてくれなかった
お金にまつわるアレコレを
1から10まで全部学ぶのは、とても大変。

でも、お金の管理や運用をするなら
早いほうがいいですよね。
まずは簡単なことから
少しずつ実践していきましょう。

しんどくなる原因5

予測不能のトラブルにあうこと

防犯対策をして
自分を守ろう

空き巣、ストーカー、泥棒、
忍び込み、強盗、強姦。

ひとり暮らしをしている人の周りには
想像以上に多くの危険が潜んでいます。

「犯罪者は、誰を狙うかわからない」
「自分がいつ狙われてもおかしくない」
と、警戒心を持つことが大切です。

カギをかならず閉めるなど、毎日のちょっとした心がけで
自分の命を守ることができます。

防犯対策に「やりすぎ」はありません。
何が起きるかわからないからこそ
念には念を入れて対策を。

しんどくなる原因6

あなたを
ないがしろにする人や
組織と付き合うこと

関わらないのが一番
まずは距離をとろう

人には誰しも、生まれながらにして
尊厳と人権があります。
それを踏みにじる権利は
誰にもありません。

あなたのことを大事にしていると
言っていたとしても
あなたが傷ついているなら
その人間関係から逃げたほうがいい。

それを理解していない人や組織とは
関わらないのが最善手。
可能なかぎり距離をとり
その人や組織から離れましょう。

しんどくなる原因7

ひとりで頑張りすぎること

「自立」は「孤立」じゃない
困ったときにはかならず
SOSを出して

「自立」とは、誰にも依存せず
ひとりで生きることだと思われがちですが
そもそも人は、単体で生きられる生きものではありません。

友達や社会など、依存先を増やして安心感を得ることで
「自分は生きていける」と思えるようになること。
これが、本当の意味での「自立」です。

「ひとりでどうにかしなきゃ」と
なんでも抱え込むと、パンクしてしまいます。

困ったときは、無理をせず
身近な人にＳＯＳを出しましょう。

第1章

住まい

「心地よくない部屋」はボディーブローのように効いてくる

掃除してない。日当たりが
悪くてジメッとする。休めない。
ひとり暮らしを始めたときは、
我慢できると思っても、後から
じわじわくるから、気をつけて。

「なんかやる気がでない」とか
「理由はわからないけど落ち込む」
とか原因不明の体調不良に
なったりしたら、要注意。

しんどくならない部屋に、
模様替えしましょう。

ゆっくり休める場所をつくる

「自分のための場所」を部屋のなかにつくろう

Check!

- ☑ ゆっくり休める「自分のための場所」には目に入れたくないものを置かない
- ☑ 「自分のための場所」だけは清潔にしておく

人間が**脳に取り入れる情報の約8割は、視覚によるもの**だと言われています。ものが多い部屋にいると多くの情報が視界に入ってしまい、結果的に脳へ大きな負担とストレスを与えてしまいます。

とはいえ、急に断捨離をするのは難しいもの。まずは「ベッドの周りだけ」「デスクの周りだけ」と**場所を区切って、ゆっくり休める場所をつくりましょう。**「とりあ

気持ちよく過ごすために

ベッドなどにぬいぐるみを置きたい人は注意。ダニが集まりやすいのでこまめに干そう
「なんとなくとっておいただけのもの」「“便利そう”“いつか使えるかも”という理由だけで置いてあるもの」は思い切って処分
好きなものを集めたディスプレイスペースがあると、気分がアガり、心の充実感が増す
清潔にしておくことで心も体もリカバリーしやすくなる

えずそこだけきれいにすればいい」と思えば、片付けにも着手しやすくなります。

　また、好きなものだけを集めた「気分がアガるスペース」をつくるのもおすすめ。ここには不要なもの、気分がアガらないものは一切置かず、目に入る情報すべてがノーストレスであるといいですね。

　料理が好きならキッチンの一角、本が好きなら読書スペース、DVDや動画鑑賞が好きならソファの周りなど、どこでも構いません。好きなものを集めた清潔な「自分のための場所」があると、心の充実感が増し、部屋の居心地がよくなりますよ。

先輩たちからひと言　ロフトはやめておこう。夏場はかなり暑くなる。サーキュレーター必須

自分にぴったりの寝具を選ぶ

ふかふかの清潔な寝具は眠りの質を上げてくれる

寝具によって、睡眠の質は大きく変わります。「もっと早くいいものを使っていればよかった」「寝心地のいい寝具を買ったら、寝るのが楽しみになった」など、ひとり暮らしの先輩たちからも、寝具について多くの声が寄せられました。

布団や枕などの寝具は、消耗品です。特に枕は、毎日使い続けているとヘタッてしまい、ニオイや黄ばみが目立ってくることもあります。

寝具の選び方

■ **寝具のお店でプロに聞く**

寝るときの姿勢、体の痛み、好きな素材などをプロに伝え、その場で選んでもらう

■ **寝具店の公式サイトでチェックする**

年齢・身長・体重などを専用フォームに入力して、自分に合った寝具をオンラインで購入できるサイトもある

人生の約1/3は布団のなかで過ごすんだよ

清潔さが快眠につながる

布団を干す頻度

〇羽毛布団／月1、2回

〇羊毛布団／月2、3回

〇ポリエステルや綿の布団／週2回

※外に干すのが難しい場合は、イスにかけてもOK。布団乾燥機があると便利

シーツ類を洗う頻度

週1回、シーツ、布団カバー、枕カバーをまとめて洗う

マットレスの掃除

1〜2ヶ月に1回は掃除機で汚れを吸いとる

2〜3年ごとに買い替えましょう。

枕だけでなく布団にも寿命があり、一般的に**羽毛布団は10〜15年、掛布団は5〜10年、敷布団は3〜5年**と言われています。睡眠の質を上げ、疲れをリセットするためにも、古い布団を使い続けるのは避けましょう。

なお、布団がひんやりする場合は、湿気がたまっている可能性があります。壁や家具などに立てかけて干しましょう。イスにかけてもOKです。これから敷布団を買うのであれば、干すのが面倒になるような重くて柔らかい布団ではなく、軽くて自立する3つ折りのマットレスがおすすめです。

先輩たちからひと言 騒音注意。内見で両隣や上下の音の響きをチェックすればよかったと大後悔

床に直置きをしない

床に置く、その前に

仮置きボックスに入れる

ボックスは目につくところに置いておき、8分目になったら中身を取り出して、それぞれの収納場所にしまう。または、断捨離する

仮置きスペースに置く

目につくところにスペースをつくり、ものを置けなくなる前に収納場所にしまう。または断捨離する

直置きしない環境にする

帰宅後など、すぐに片付けるのが面倒なとき、床にものを直置きしていませんか？

直置きには、さまざまなデメリットがあります。一番のデメリットは、**床掃除をするために床の上のものを片付けるのが面倒になり、掃除の頻度が下がる**こと。定期的に掃除ができなくなるとホコリがたまるうえに、片付けられないものもどんどんたまり、さらに掃除

ロボット掃除機を導入すると……

掃除機が動きやすいように床のものをどける習慣がつく。継続的に床置きを防止できる

外部の倉庫に預けるという手も

収納スペースが足りずものがあふれてしまう場合は、外部の倉庫を借りる。月額数百円で利用可能

が面倒になります。

床置きした場所に湿気がたまってカビが発生したり、床が変色したりするおそれもあります。ホコリがたまった部屋にいると、アレルギー症状を引き起こしやすくなる、とも言われています。地震などの災害時には、落ちているものを踏み、ケガをするかもしれません。

床にものを直に置くという行動自体を防ぐために、**仮置き用のボックスやスペースなどを用意**してみましょう。

また、ロボット掃除機を導入すると、掃除機の導線をふさがないように日頃から環境を整えるようになるので、おすすめです。

ストレスなく使える掃除道具を選ぶ

Check!

- ☑ 掃除道具は、出し入れしやすい場所に置けるものを選ぶ
- ☑ 実家で使っていた掃除道具が、ひとり暮らしに向いているとはかぎらない

キャニスター型はひとり暮らしに不向き

　家庭でよく使われているキャニスター型の掃除機は、コンセントにつないだまま掃除ができます。そのため長時間吸引力が落ちず、広い家の掃除に適しています。

　しかしひとり暮らしの場合、**キャニスター型掃除機は大きすぎるため、収納に場所をとり、出し入れが面倒というデメリットが**。出すのが面倒だなと思うと、汚れが目についても、ついつい掃除を後

掃除が苦手 ↔ 掃除が得意

フローリングワイパー

髪の毛やホコリだけ掃除したい人向け。自立するものだと収納時に便利

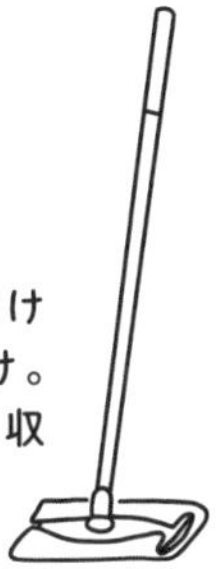

ロボット掃除機

床にものが少ない人、ロボットの入れない隙間を掃除できる人向け

コードレス型掃除機

掃除時間が短い人、サッと掃除したい人向け（充電が切れるため）

キャニスター型掃除機

収納場所があり出し入れが苦じゃない人、掃除時間が長い人向け

その他

◯ウェットティッシュ
リビングからキッチンの油汚れまで、幅広く使える

◯ハンディモップ
モップ部分が使い捨てになっているものが便利

回しにしてしまいます。

出し入れの手間を省けるのは、ロボット掃除機と、充電式コードレス型の掃除機です。高機能なものでなければ、どちらも数千円で購入することができます。

また、ハンディモップやフローリングワイパー、ウェットティッシュなど、思い立ったらサッと掃除ができるグッズを、すぐ手が届く場所に置いておくのもおすすめです。

大切なのは、自分がストレスなく使える掃除道具を選ぶことです。

手間をかけるのではなく、ラクをする方向で、自分にとって使いやすい掃除機や掃除グッズを選びましょう。

先輩たちからひと言　アパートにごみステーションがあるといつでもごみ出しができて最高

収納する場所を決めておく

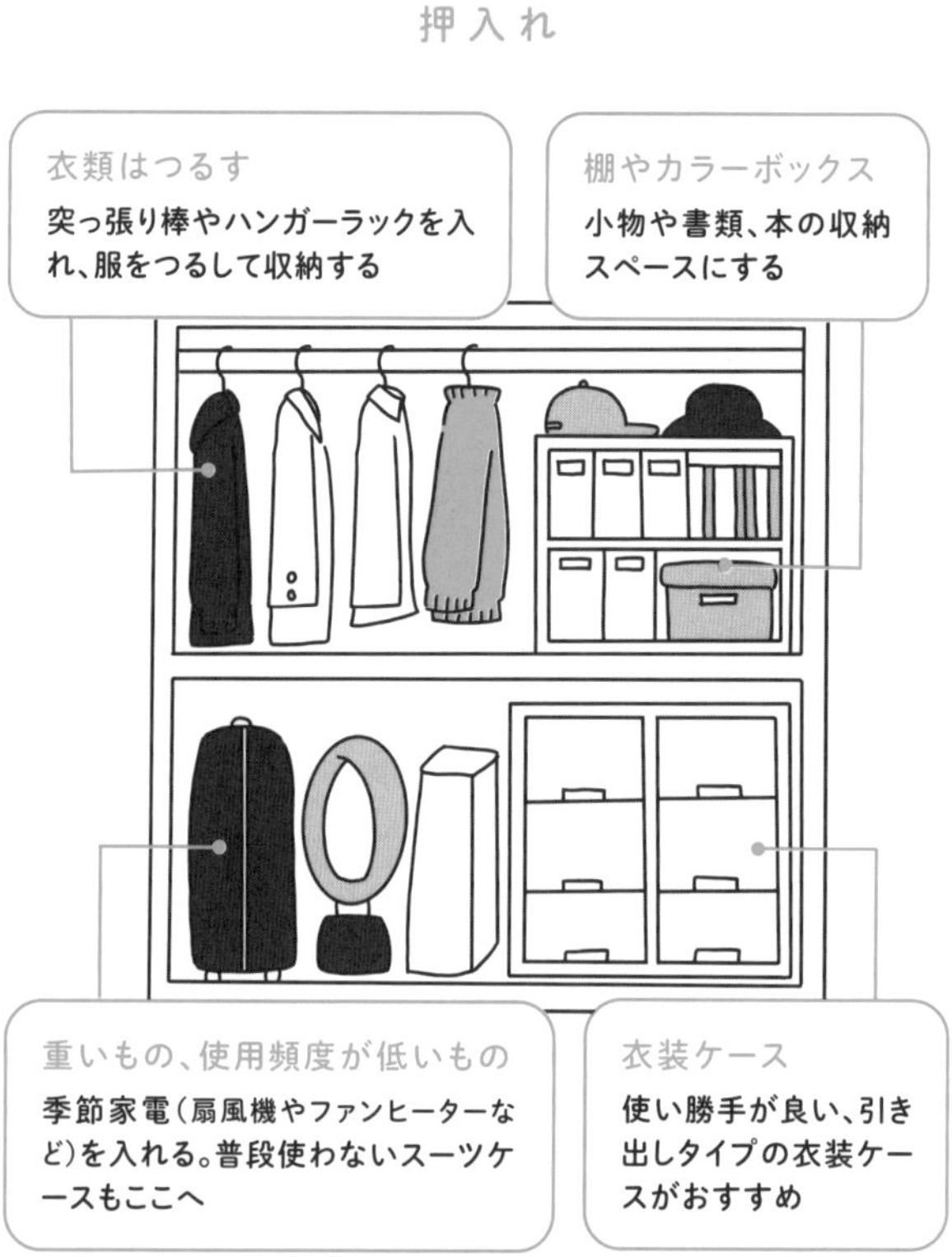
押入れ
衣類はつるす
突っ張り棒やハンガーラックを入れ、服をつるして収納する
棚やカラーボックス
小物や書類、本の収納スペースにする
重いもの、使用頻度が低いもの
季節家電（扇風機やファンヒーターなど）を入れる。普段使わないスーツケースもここへ
衣装ケース
使い勝手が良い、引き出しタイプの衣装ケースがおすすめ

パッと見てわかるように収納する

収納スペースがたくさんあっても、ものを詰め込みすぎていると、探すのに時間がかかり、ストレスが増えてしまいます。大切なのは、**何がどこにあるのかひと目でわかるように片付ける**ことです。

　まずは不用品を処分し、よく使うものは手前、使わないものは奥や上のスペースに片付けましょう。片付けた後、ラベリングをして指定席をつくっておくと、きれいな

使わない
よく使う

クローゼット

型崩れしやすいカバン
つり下げると型崩れするカバンは、立てて収納する

季節物ボックス
シーズンオフの衣類や小物は収納ボックスに入れ、ラベリングして管理する

衣類はつるす
ハンガーを統一すると見栄えがよくなる。薄いタイプなら省スペースで収納できる

衣装ケース
引き出しタイプの衣装ケースに、たたんでも型崩れしない衣類を収納する

扉も活用
フックなどを活用し、つるせるものはここに収納

仮置きスペースをつくる
すぐに定位置に戻せないものはここへ

状態が長続きしますよ。

　ライフスタイルや趣味が変わったり、家電などの大きな持ちものが増えたりしたときには、見直しが必要です。再度、不用品を処分し、収納場所や収納方法を考え直しましょう。可能であれば、整頓や片付けは毎日～週に1回程度、**整理や収納の見直しは半年～1年に1回程度行うのがおすすめです。**

　自分の好みや社会の流行は、常に変化しています。1年間使わなかったものを処分すると、その分、新しいものを取り入れることができます。生活スタイルに合った環境をつくり、心地よく過ごしましょう。

先輩たちからひと言　ソファは服置き場と化す可能性大！

収納グッズは買う前に準備が必要

すっきり見える収納グッズを買おう

STEP 1

使っていないものを処分する

「なんとなく残しておく」「直したら使えそう」というものはスッパリ処分。ものが増えると収納グッズも増えてしまうため、最初に減らしておこう

STEP 2

収納場所のサイズを測る

メジャーを使って、縦・横・奥行きを測る

色や素材を統一し「8割収納」を目指す

片付け上手な人の収納例を見ると、収納グッズの色や素材が統一されています。

　収納グッズを買う前に、**かならず空きスペースのサイズを測り、入れるものを決め、必要な分をまとめて買うようにしましょう。**色や素材にバラつきがあると、せっかく片付けても、ものが多くあるように見えてしまいます。

　また、どれほど便利な収納グッ

STEP 3

使う分だけ、収納グッズを購入する

◯収納場所や用途にあった素材にする

プラスチックは水に強く、紙や布のように虫がつくこともないが、処分するときにかさばる

◯買い足せるものを選ぶ

100均の収納グッズは安価だが、入れ替わりも早い。大手インテリアメーカーのものなら、必要なときに買い足せる

◯同じ色・素材・サイズのものをまとめて買う

収納グッズが統一されていると、中身がバラバラでも整っているように見える

ズでも、ものを詰め込みすぎると見た目がごちゃごちゃするばかりか、出し入れがしにくくなり、結果的にものを死蔵することになってしまいます。

収納をする際に大切なのは、余白を持つこと。合言葉は「8割収納」です。よく使うものとあまり使わないものを分け、厳選して収納ケースに収めていきましょう。

　部屋のなかは、心のなかを映す鏡だと言われています。「便利そう」というイメージだけで、次々に収納グッズを買うのはおすすめできません。ぴったりサイズのものを使う分だけ購入し、部屋と気持ちを少しずつ整えていきましょう。

先輩たちからひと言　狭い部屋に住んだら、休日ベッドの上で1日過ごしてしまい、生産性が下がった

暑さ・寒さを我慢しない

健康、お金……我慢するといろいろなものを失う

「冷房や暖房は電気代がかかってもったいない」「多少の暑さ寒さは我慢できる」と思っていませんか？

たしかに、冷暖房費は大きな出費になりますよね。でも、暑さ・寒さを我慢して体調を崩し、**病院に行くことになれば、数千〜数万円もの医療費がかかってしまいます。**

近年、35℃を超える猛暑日が夏に急増しています。人間の体は、現代の暑さに対応できる仕組みにはなっ

暑いときは無理せず冷房を

夜間の熱中症を防ぐため、就寝中は冷房をつけっぱなしにするのがおすすめ。熱中症になったり、暑さで体調を崩したら、数千～数万円の医療費がかかる

！ 冷えすぎにも注意

- ◯自分が「寒い」と感じない温度に設定する
- ◯エアコンの冷気が直接当たらないよう、風向きを調整する
- ◯昼間はときどき窓を開けて外の空気を取り入れ、冷えすぎを防ぐ

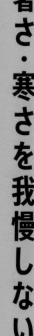

寒いときは暖房器具を併用

部屋全体を暖めるもの+部分的に温めるものを併用することで、暖房効果がアップし、節電にもなる。エアコンやファンヒーターの設定温度は20℃前後がおすすめ

エアコン
- ＋ ホットカーペット　電気代節約のため、こまめに電源オフ
- ＋ サーキュレーター　暖かい空気を循環させて、部屋全体を暖める

ファンヒーター
- ＋ 電気毛布　電気毛布は電気代が1時間1円以下で安価
- ＋ フットウォーマー　消費電力が少ないので、長時間使用に向く

ていません。「暑い」と感じたら、無理をせず冷房を入れましょう。

また、**夏を基準につくられた日本の住環境は、冬の寒さに弱い**と言われています。古い木造の家に住んでいる人は、特に注意が必要です。

寒さを我慢すると、寒暖差の激しい浴室での死亡事故や、体調悪化につながります。

暖房器具には、エアコンやファンヒーターなど部屋全体を暖めるものと、電気毛布やホットカーペットのように部分的に温めるものがあります。それぞれの特徴を考えて併用すると、節約しながら効率的に部屋を暖められますよ。

先輩たちからひと言　勉強や仕事の合間に軽い筋トレをすると体を温めながらリフレッシュできる

日当たりと湿気について考えてみる

日当たりが悪いときは色使いや鏡で対策

壁紙や家具、
カーテンなどは
白っぽい色を選ぶ

面積が大きい家具や布類は、部屋全体が明るく見えるような色使いを心がける

窓の近くに大きな鏡を
置き、自然光を
部屋の奥に届ける

鏡に直射日光が当たると火事の原因になる可能性があるので、角度に注意

日当たりが悪い部屋は寒い＆湿気がこもる

日当たりの悪い部屋は、光熱費がかかると言われています。特に北向きの部屋は寒く、冬に暖房費がかさみがち。日当たりが悪くジメッとした部屋は過ごしづらいため、カフェなどで過ごす時間が増え、想像以上に出費がかさんでしまうこともあります。

太陽の光が当たらないと、室内に湿気がたまりやすくなり、湿度も上がります。窓がひとつしかな

湿気がこもるときは 除湿機かエアコンの除湿機能で対策

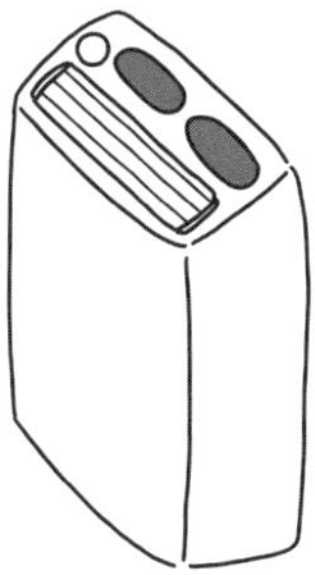

除湿機

室温を保ったまま除湿できて便利。また、洗濯ものを室内乾燥できる

エアコンの除湿機能

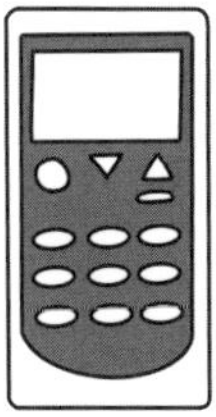

◯「除湿」と書かれたボタンがあるなら、弱冷房タイプ。消費電力は少ないが、湿度と一緒に温度も下がる。室温が低いと除湿できない

◯「カラッと除湿」や「さらら除湿」などのボタンがあるなら、再熱タイプ。室温を保ったまま除湿できるが、ハイクラスなエアコンにしか搭載されていない

※メーカーによって名称が異なるため、取扱説明書で確認しよう

！ こまめな換気も必要

◯窓がひとつしかない場合→窓を開けて換気扇を回す
◯窓を開けられない場合→室内のドアを開けたままにする

い部屋は、風の通り道がつくれず湿気を外に逃がすことができません。また、1階の部屋も、防犯面を考えると窓を開けづらいうえに、雨などの影響を受けやすいので湿度が高くなりがちです。

快適な湿度は40～60%。60%を超えるとカビが徐々に活動を始めます。

一方、日当たりのよい部屋で日光を浴びると、セロトニンが分泌されます。セロトニンは「幸せホルモン」と呼ばれ、うつ病の予防に役立つと言われています。

これから部屋を探すなら、**日当たりのよい東向きか南向きの部屋**を選びましょう。

先輩たちからひと言　木造アパート1階で外が土だと、梅雨時には室内にまでナメクジが

COLUMN 1

引っ越しの手順をおさらいしよう

STEP 1

家賃を決める

毎月の支出の大部分を占める家賃。甘く見積もると、後々払えなくなるかも……

手取り収入（税金や社会保険料などを引いた額）の1／3以下に収める

※かならず、管理費や共益費を含めた家賃で計算

物件契約のときにかかるお金は
家賃×5〜6ヶ月分

さらに引っ越し費用もかかる。一度契約したら簡単には引っ越せないことを覚えておこう

家賃（管理費・共益費含む）6万円の場合

前家賃……6万円
敷金……6万円（1ヶ月分の場合）
礼金……6万円（1ヶ月分の場合）
仲介手数料……6万6000円（消費税込）
火災保険……1万5000円
＋
保証会社加入料、カギ交換費用など

家賃6万円なら
30万円は必要

STEP 2

条件の優先順位をつける

エリア、駅からの距離、階数、日当たり、築年数、コンロの数、バス・トイレ別など、譲れない条件をピックアップ。優先順位をつけ、家賃と見比べながら妥協するところは妥協する

＼ 先輩たちに聞いた！ ／

妥協しないほうがいい条件

家賃

節約前提で家賃が高めの部屋を選ぶのはNG。毎月の支出の大部分を占める家賃で家計が圧迫されると、気持ちの余裕がなくなってしまう

日当たり

日が当たらない部屋は湿気がたまりやすく、洗濯ものが乾かなかったり、カビが生えたりするだけでなく、気持ちが沈みがちになる

最寄り駅までのアクセス

たとえば最寄り駅から徒歩20分の物件。最初はなんとかなると思っても、忙しい日々が続くとしんどくなってくる

収納スペース

収納が少ないと部屋にものが散らかる。掃除をするのもめんどくさくなり、部屋の居心地がどんどん悪くなる

キッチンの作業スペース

ワンルームにありがちな1口コンロのキッチンだと作業スペースがないため、自炊するのは至難のわざ。自炊する場合は2口コンロで

治安

ごみ捨て場や共用スペースが散らかっていないか、注意喚起の貼り紙が多くないか、夜道が危なくないか、周囲の環境を自分の目でチェック

内見時に見落としがちなチェックポイント

- □ ごみ捨て場がきれいか
- □ 夜の環境は危なくないか
- □ 周囲の騒音
- □ 1日を通しての日当たり
- □ 風通し
- □ 窓や網戸のたてつけ
- □ コンセントの数と位置
- □ 洗濯機置き場（蛇口と排水の位置）
- □ 床のゆがみ
- □ 収納スペースや排水溝のニオイ
- □ 換気扇の位置

など

STEP 3

入居審査・契約

不動産会社に申し込みをしたら、入居審査を受けることになる。主に、家賃の支払い能力があるかどうかをチェックされ、連帯保証人や勤務先への電話確認がある場合も。入居審査が通ったらいよいよ契約。部屋の汚れや破損を確認し、退去時にトラブルにならないよう、不動産会社の担当者立ち合いのもと写真を撮っておこう

連帯保証人とは

両親や親族に頼むことが多い。依頼する相手にあらかじめ了解をとっておこう。保証会社に加入すれば連帯保証人が不要な物件もある。その一方、連帯保証人と保証会社への加入の両方を求められることもある

契約に必要なもの

○印鑑（スタンプタイプはNG）
○身分証明書
○住民票の写し
○収入を証明する書類（学生の場合は入学を証明する書類など）
○連帯保証人の書類　など

わからないところは納得いくまで質問する！

ハンコを押した後は基本的に内容変更ができないので、わからないところは遠慮なく質問しよう（P168も参考に）

敷金を払うのに、退去時の壁紙張替えやクリーニングが契約者負担なのはなぜですか？
エアコンなどの修繕費は契約者負担ですか？
退去時のカギの交換費用は別途支払いが必要ですか？
途中でルームシェアや同棲を始める場合はどうすればいいですか？

STEP 4

引っ越しの方法を選ぶ

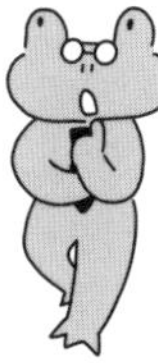

女性専用のプランがある会社もあるよ

荷物多め

単身通常プラン

荷物が多く、遠方に引っ越す人向け。荷物量に応じたトラックを用意し、引っ越し先まで運送するプラン。料金が比較的高め

単身引っ越しパック

荷物が少ない人向け。決められたサイズのコンテナボックスに荷物を積み込んで輸送するプラン。コンテナ内に荷物が収まらないと利用できない

レンタカーで自力引っ越し

荷物が少ない人向け。引っ越しを手伝ってくれた友達へのお礼などが追加でかかるので、割高になるケースも

宅配便で輸送

大型家具がなく、荷物が少ない人向け。基本的に、梱包された段ボールしか配送できないため、初めてのひとり暮らしにおすすめ

荷物少なめ

大型家具がある人は「通常プラン」が無難

ひとり暮らしの先輩より　**ネットで引っ越し業者の一括見積もりをしたら、ひっきりなしに電話がかかってきて大変なことに！　友達に経験談を聞いて2～3社に見積もりを出してもらい、比較検討しよう**

STEP 5

手続き・準備をすませる

1〜2週間前

ネット回線の使用開始手続き

ネット回線は工事のスケジュールがとれず、時間がかかることもある

役所に転出届を出す

本人確認書類と印鑑を持って、今住んでいる市区町村役場の窓口へ

郵便物の転送手続き

ネットで手続き可能。転送開始まで時間がかかるので早めに!

荷造りスタート

本、シーズンオフの衣類、日用品のストック、普段使わない食器などから梱包を始めよう

3日前〜前日

電気・ガス・水道の使用開始手続き

ガスは開栓の立ち合いが必要なので、立ち合い日程の事前申し込みをしておくこと

引っ越し先の掃除

害虫駆除の燻煙剤を焚いて、拭き掃除をしておく。荷物を入れた後にやると大変なので事前にすませておく

引っ越し後すぐ使うものをまとめる

- □ 仕事や勉強に使う道具
- □ カーテン
- □ 寝具(シーツやカバーも)
- □ 掃除用具
- □ 調理器具
- □ 数日分の食器
- □ シャンプー、ボディソープ、洗面用具など
- □ 数日分の着替え、タオル
- □ 照明
- □ 電源タップや延長コード
- □ トイレットペーパー、ティッシュ

まとめて旅行カバンやスーツケースに入れておくと便利!

STEP 6

いざ、引っ越し

貴重品はかならず自分で運ぶこと。引っ越し会社を利用する場合、スタッフさんに人数分の飲みものを差し入れよう!

ひとり暮らしの先輩より

家具の組み立てにドライバーが必要になることもある。軍手もあると便利。出しやすい場所に入れておくのがおすすめ

引っ越し後2週間以内にすませたい手続き

新住所の役所へ転入届を出す

国民健康保険・国民年金・マイナンバーカードなどの住所変更も同時に

運転免許証の住所変更

更新のタイミングでハガキが届かないと、更新を忘れて免許取り消しになることも

その他、住所変更の手続きが必要なもの

○銀行や郵便局の口座　○スマホの契約
○クレジットカード　○NHKの受信契約　など

ひとり暮らしの先輩より　平日、役所に行けなくても大丈夫!　多くの役所が、月に何度か、土日に窓口業務を行っている。市区町村の公式サイトで確認してみよう

第2章

食

口にするなら「自分のため」と思える食べものを

「自分のため」とは
①自分の健康のため
②自分の楽しみのため
③自分の負担を減らすため。

自炊・惣菜・外食のバランスは、
人それぞれ。

自分の食事を用意するのに
慣れるまでは、
ちょっとだけ頑張って。
慣れたら、頑張りすぎない
スタンスで。

基本のバランスを頭に入れておこう

Check!

- 主食：メインのおかず：サブのおかず&汁ものの割合は1：1：1に近づける
- バランスを意識するだけで、食のチョイスが変わる
- 偏った食事は未来の自分の健康を前借りしているのと同じ

1日トータルでバランスをとる

毎食毎食バランスのよい食事をとるのは難しいですよね。ラーメンやパスタ、おにぎりにサンドイッチ……主食（ごはん、パン、麺）の比重が多くなることも多々あります。

まずは「1食あたりの栄養が偏ってしまうのはしかたがない」と考えて、**1日トータルで栄養バランスがとれるように意識してみましょう。** 昼食がラーメンだったら、夕食は主食を控えめにして、メイ

1日トータルでこのバランスに

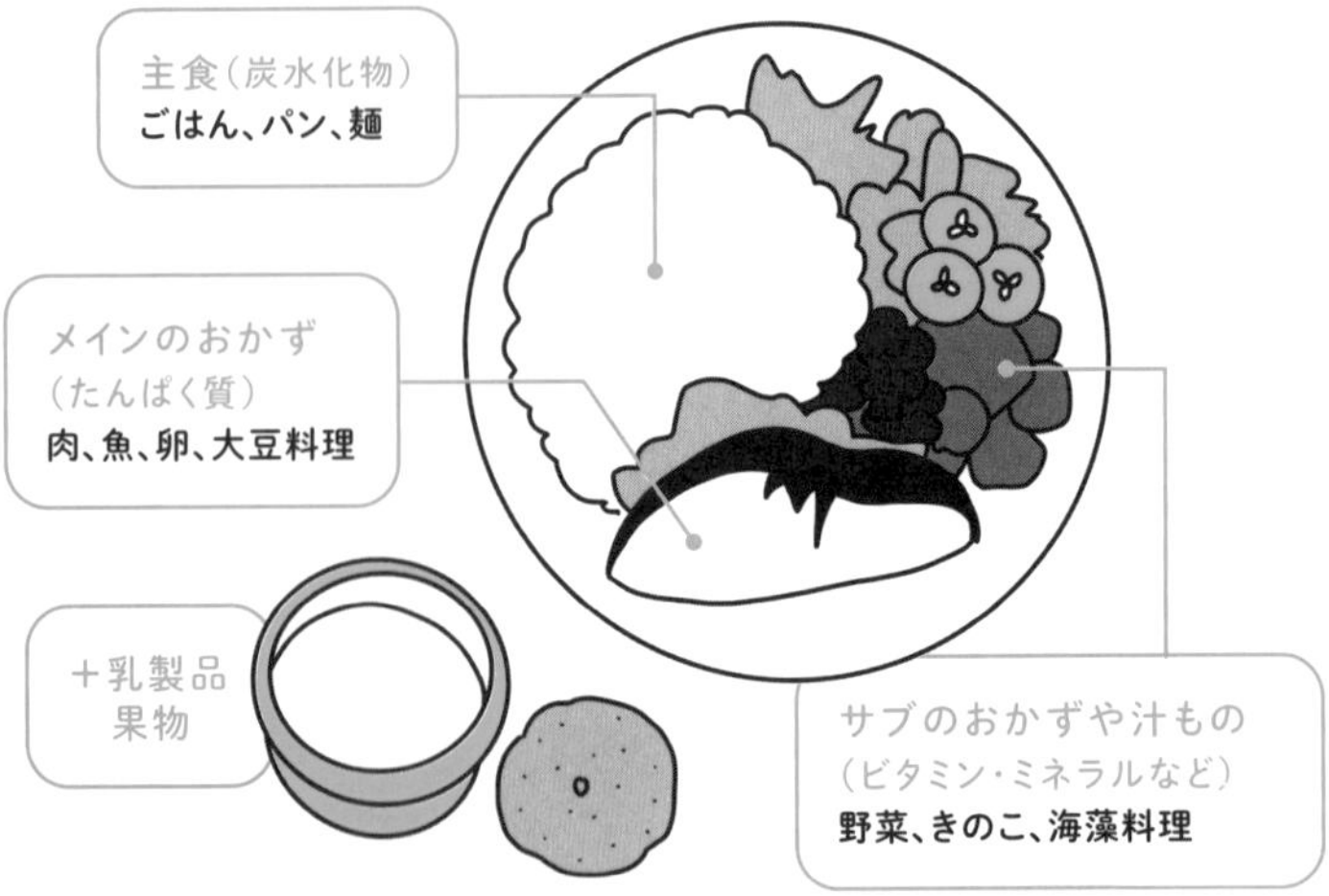
主食（炭水化物）
ごはん、パン、麺
メインのおかず
（たんぱく質）
肉、魚、卵、大豆料理
＋乳製品
果物
サブのおかずや汁もの
（ビタミン・ミネラルなど）
野菜、きのこ、海藻料理

たとえば…
朝食を抜いて昼食がチャーシュー麺だったら？

◯主食が多めなので、夕食では控えめに
◯チャーシュー（たんぱく質）の量を考えると、メインのおかずが不足している。夕食でもしっかりメインのおかずを食べる
◯サブのおかずが圧倒的に足りていないので、夕食や間食でフォロー

ンのおかず（肉、魚、卵、大豆料理）と、サブのおかずや汁もの（野菜、きのこ、海藻料理）を増やして調整します。

1日を通して、①主食、②メインのおかず、③サブのおかずや汁ものが、ほぼ同量（主食がやや多め）になるようなイメージです。「できるだけこのバランスに近づけよう」と意識するだけで、何を食べるかの選択が変わるので、食事のチョイスに迷ったときには思い出してみてくださいね。

偏った食事をとることは、未来の自分の健康を前借りしているのと同じことです。コンビニやスーパーの惣菜なども活用して、できる範囲で頑張ってみましょう。

先輩たちからひと言 主食ばかり食べていたら不健康に。牛丼屋さんで肉を食べたら少し回復した

ビタミン・ミネラルはどうやってとる？

Check!

- ☑ 緑黄色野菜や海藻類の“ちょい足し”でフォロー
- ☑ 1日を通して「片手にのる程度の量」の緑黄色野菜をとることを意識する

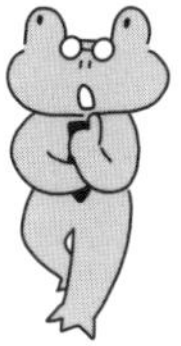

野菜と海藻の〝ちょい足し〟を意識

不足しやすいビタミン・ミネラルは、緑黄色野菜や海藻類の〝ちょい足し〟でフォローしましょう。

緑黄色野菜とは、トマト・かぼちゃ・ほうれん草・にんじん・小松菜・にら・ブロッコリー・ピーマン・モロヘイヤなど、色が濃いもの。なす・きゅうりなど、皮の色が濃くても中身が淡い色の野菜は淡色野菜なので、緑黄色野菜には含まれません。

比較的取り入れやすい4つの方法

❶野菜ジュース

生野菜より栄養価は落ちるものの、手軽さはナンバーワン。食前に飲むと、血糖値の急激な上昇も抑えられる

❷海藻のおかず

コンビニやスーパーの惣菜を買う。余裕がある人は、海藻サラダなどをつくってみる

❸冷凍の緑黄色野菜

市販の冷凍野菜を、汁ものに入れたり、レンジで温めてパスタや丼、おかずに足したりする。余裕がある人は、生野菜を自分で切って冷凍保存

❹乾燥わかめ

ラーメン、うどん、そばや汁ものに入れる。水でもどして和えたり、トッピングに使ったり、炒めたり、なんにでも使えるうえ、賞味期限が長いから保存もラク

緑黄色野菜は、1日を通して「片手にのる程度の量」を食べられるとベストです。スーパーやコンビニの冷凍コーナーを覗いてみると、市販の冷凍野菜がたくさん売られています。レンジで温めておかずに加えたり、ドレッシングで和えて食べたりして活用してみましょう。

また、**乾燥わかめなど、海藻の乾物を常備しておくのもおすすめ**です。賞味期限が長いため、生鮮食品のようにすぐ腐ってしまう心配もありません。乾燥わかめは、水でもどさなくても、レトルトの味噌汁やスープに加えるだけで簡単に食べられます。汁もののボリュームがアップし、満腹感もありますよ。

先輩たちからひと言　飲み会後、自分でつくって冷凍しておいたスープに救われた

ごはんは「まとめ炊き」して冷凍保存

冷凍ごはんがあればなんとかなる

ごはんはまとめて炊いて、余った分を冷凍保存しておくのがおすすめです。「お米1合＝お茶碗2杯分」なので、**週に2〜3回2合ずつ炊くと、ほどよいペースで消費できるでしょう**。ごはんは、カップ麺やパンより腹持ちがよく、コンビニのおにぎりより塩分が控えめです。また、冷凍ごはんがあれば「家に帰ればごはんがある！」という安心感もあります。

小分け冷凍のしかた

STEP 1

お椀にラップをしき、炊きあがったばかりのごはんを入れる

湯気ごと入れるイメージで

STEP 2

ふんわり包んで、軽く平らなせんべい型にする

おにぎりのように握らないこと。軽く平らにしておくと、レンジ加熱の際に均等に温まる

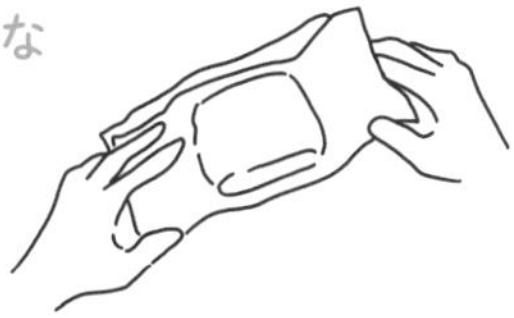

STEP 3

保存袋に入れて冷凍庫へ

粗熱をとってから冷凍庫に入れる

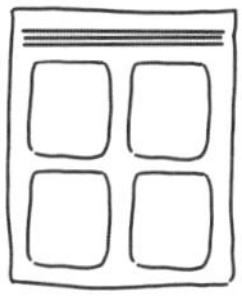

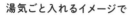

冷凍ごはん専用の保存容器

丸型
お茶碗1杯分ずつ
保存できるものが多く、
ひとり暮らしに最適

四角型
丸型より容量が大きい。
おかずの保存にも使える

底面が凸型
底が盛りあがっていると、
内側までムラなく熱が通る

蒸気弁付き
蒸気弁を開ければ、
フタごとレンジ加熱が可能

その他、ストックしておける主食

◯常温保存
パックごはん・もち・シリアル・乾麺（袋麺・パスタ・素麺・うどん・そばなど）

◯冷凍保存
ごはん・うどん・そば・パン

ラップに包んで冷凍するのが面倒なときは、**冷凍ごはん専用の保存容器が便利**です。丸型、四角型、お弁当箱としてそのまま学校や職場に持っていけるものなど、さまざまな形のものが販売されています。100均でも、手軽に購入できますよ。

ごはんが苦手な場合は、冷凍のうどんやそばをストックしておくと便利です。最近は、冷凍のパンやホットケーキなども販売されています。

ちなみに、冷凍したごはんがおいしく食べられるのは、約1ヶ月間です。1ヶ月を過ぎても食べられますが、味が落ちると言われています。

先輩たちからひと言　半解凍の冷凍食品を食べたらお腹を壊した。めんどくさがらず加熱しないとダメ

野菜のおかずを1品つくってみよう

野菜で自炊チャレンジ 3STEP

STEP 1

包丁いらずの生野菜サラダ

○手でちぎれる生野菜（レタスなど）
○キッチンばさみで切れる生野菜（水菜）
○洗うだけの生野菜（ベビーリーフ、ミニトマト）　**など**

キッチンばさみが便利。
買ってきた唐揚げや温泉卵をのせると、
華やかで満足感もアップ！

STEP 2

野菜1種類でつくるおかず

○無限ピーマン
○にんじんしりしり
○ほうれん草のナムル
○ブロッコリーのごま和え
○キャベツの塩昆布和え　など

野菜の切り方と加熱のしかたが重要。
初心者はレシピ通りにつくろう

野菜のおかずは買うと高くつく

自炊を始めるときは、焼きそば、チャーハン、パスタ、丼もの、カレーなど、1品で1食になる料理からトライしましょう。自分で1食つくれるようになると、自信がつきますよ。

料理に慣れてきたら、野菜のおかずにチャレンジ。肉類のおかずはコンビニやスーパーで比較的安く買えますが、**野菜を使ったおかずは買うと割高**です。

STEP 3

複数の野菜を使う汁もの

◯**味噌汁**（野菜＋顆粒だし＋味噌）
◯**ポトフ・コンソメスープ**（野菜＋コンソメスープのもと）
◯**中華スープ**（野菜＋鶏ガラスープのもと）

火の通りにくい野菜から順番に煮て、最後に調味料を加える

火が通りやすい ⟷ 火が通りにくい

白菜
キャベツ
ほうれん草
もやし
など

玉ねぎ
かぼちゃ
なす
ブロッコリー
ピーマン
など

にんじん
じゃがいも
大根
れんこん
など

火が通りにくい野菜は、小さめ、薄めに切る。
または、切った後にラップをかけてレンジで加熱しておく

まずは、手でちぎれる野菜やキッチンばさみで切れる野菜、洗うだけの野菜を使って、包丁いらずの生野菜サラダをつくってみましょう。

複数の野菜を使うおかずは、**野菜ごとに火の通りやすさが違う**ので比較的難しいかもしれません。1種類の野菜、もしくは火の通りやすさが同程度の野菜でできる料理から始めるのがおすすめです。

複数の野菜を使う場合は、汁ものにすると失敗が少ないかもしれません。切った野菜を煮込んで味噌汁にしたりスープにしたり。一番固い野菜に火が通るまで煮込んでから調味料を入れるだけで、1品できあがります。

先輩たちからひと言　自炊すると、成功しても失敗しても話のタネになるよ!

レシピ検索で自分に合った料理を選ぶ

検索上手な人は料理もうまい

インターネットでレシピを検索してつくってみたものの、うまくできなかった。そんなときは、**選んだレシピに問題があったのかも**しれません。プロ以外の人がネットに上げているレシピは、「偶然うまくできたもの」の可能性があります。参考にするのはやめましょう。

また、レシピを検索すると、さまざまな切り方や調味料が登場します。切り方を変えたり、手抜き

Check!

☑ 下ごしらえのしかた、具材の切り方、火の通し方が
省略されていないレシピを選ぶ

☑ 料理研究家・料理番組・大手食品メーカーが紹介しているレシピなど
プロが監修したレシピを選ぶ

「スジをとる」って
どうやって?
強火ってどれくらい?
切り方は
これでいいの?

その他

○使う食材や調味料ができるだけ少ないものを選ぶ
○フライパンひとつ、ナベひとつでつくれる料理や、電子レンジでつくれる料理を選ぶ
○自分のレベルに合ったレシピを選ぶ

たとえばこんな対処法

楽しく過ごせる人と一緒に食事をする

スマホやパソコンを見ながらの「ながら食べ」は、消化吸収を妨げる原因になる。リラックスできる環境で食べよう

生活習慣を見直す

早寝早起き、適度な運動、同じ時間に食事をとるなど、規則的な生活を送ると、食欲が回復するケースがある

ストレスから逃げる

家族、仕事、恋愛など、ストレスの原因はさまざま。心当たりがある場合は、できる範囲で距離をおいてみよう

医師に相談する

まずは内科を受診してみよう。それでも良くならない場合は、心療内科に行くのがおすすめ

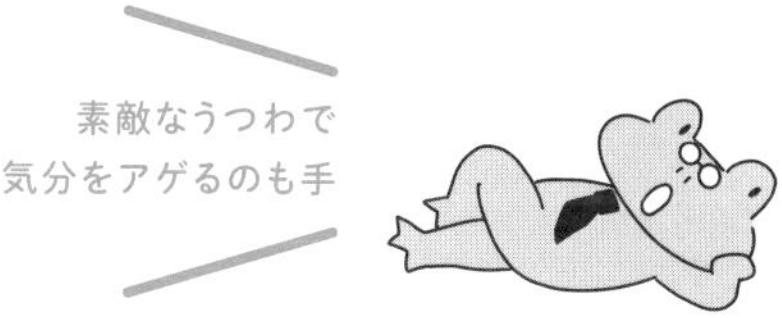

込み、活力を失い、心身にさまざまな不調が現れます。消化機能が弱くなり、食欲がわかなくなることも症状のひとつです。

　そして、食事量が減ると栄養状態が悪くなり、抑うつ状態に拍車がかかります。**食事がつまらないと感じるようになったら、早めに休息をとり、心と体を休めましょう。**

　また、消化器系の病気の影響で食欲がなくなることもあります。食欲不振が長期にわたるようなら、肉体、精神面のどこかに不調をきたしている可能性が高いので、まずは内科を受診してみましょう。消化器内科・内科・胃腸科など、複数の科がある病院がおすすめです。

先輩たちからひと言　親の言う「ちゃんと食べてる?」はI love youなんだって

弱ったとき用の非常食を備蓄する

寝込んだとき頼れるのは自分だけ

ひとり暮らしをしていると、**体調を崩したときも、メンタルが弱っているときも、自分で自分を看病しなければなりません。**

心身が元気なうちに、水分や塩分を補うための飲料や、胃にやさしい食べものを用意しておきましょう。**常温保存できるもの＋冷凍食品の2パターンをそろえておく**と便利です。

発熱時に備えて用意しておきた

常温保存しておく食品

レトルトのおかゆ
スポーツドリンク
栄養補給ゼリー
レトルトのスープ

災害時の備蓄にもなります

冷凍食品

主食+具材がセットになっているものが便利

鍋がいらないタイプ

レンジで温めるタイプ。ワンプレート弁当になった冷凍食品もある

うつわがいらないタイプ

直接コンロにかけるタイプ。うつわを洗う必要がないのが、弱ったときにありがたい
※IH対応のものもある

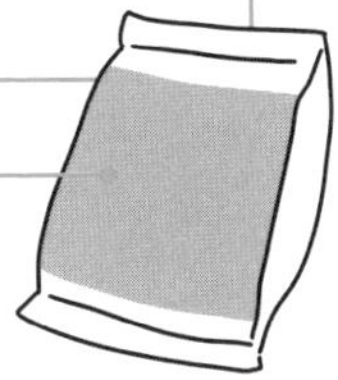

自分の好物も常備しておこう

自分が心から「食べたい！」と思えるものを常備しておくと、心と体が弱ったときに元気を取り戻すきっかけになる

冷凍保存

アイス・シュークリーム・今川焼・鯛焼き・冷凍フルーツなど

常温保存

缶入りのデニッシュパン・グミ・ドライフルーツ・干し梅・せんべい・クッキー・ラスク・金平糖・ようかんなど

いのは、スポーツドリンクや栄養補給ゼリーです。スポーツドリンクは災害対策も兼ねて、2ℓのペットボトルを2〜3本置いておくと安心です。パウチ型の栄養補給ゼリーは、起き上がるのがつらいときに少しずつ口に入れることができます。

レトルト食品や冷凍食品は、病時だけでなく、心が弱ってしまったときや、疲れて自炊をする気力がないときにも役立ちます。

おすすめは、具材とスープがついた冷凍うどんなど、主食と具材がセットになった冷凍食品。鍋を使わずにレンジだけで調理できるタイプが特に便利です。

先輩たちからひと言 気落ちしたとき、カロリーを摂取できなくなって困った

電子レンジ&コンロに気をつけて

絶対に指定の方法で加熱すること

電子レンジを使う際に注意が必要な食品は多数あります。卵を殻のままレンジで加熱すると爆発するのは有名ですね。ほかにも、カレーなど、ドロッとしたものは沸騰して一気に吹きだすおそれがあります。ウインナーは皮がやぶれて爆発、さつまいものような水分が少ない食材は発火のおそれが。いずれも、ケガや死亡事故につながったケースがあります。

レンジで温めてはいけない容器

- ペットボトル
- アルミホイル
- 金属製のもの
- 紙製のもの
- レンジ非対応のプラスチック容器・保存袋

レンジで温めすぎると危険な食品

- 生卵・ゆで卵
- たらこ・いか・魚（まるごと1匹）・ウインナー・厚みのある肉
- トマト・さつまいも・にんにく・なす・オクラ
- ドライフルーツ・栗・ぎんなん（殻付き）
- カレーやシチューなどドロッとしたもの

！ もし、電子レンジから発火したら？

水をかけると熱いガラス面が急激に冷やされ、ガラスが割れる危険がある。絶対に水をかけない

扉を開けずに電源を切り、電源プラグを抜く。扉を開けると庫内に空気が入り、炎が大きくなることがあるため危険

火が消えないときは、扉を閉めたまま、消火器などの消火器具を準備。万が一火災が発生したときは、119番通報

！ もし、コンロから発火したら？

○絶対に水をかけないこと

○消火器や消火スプレーを使い、すみやかに119番通報する

かならずレンジ対応のうつわを使って、ラップをかける指示があるものはラップをかけ、指定された時間内で使用しましょう。

ガスコンロでは、加熱された油から火が出ることがあります。火が出たときは、絶対に水をかけないこと。コンロの火をとめ、かならず消火器や消火スプレーを使ってください。応急措置として、鍋全体をおおうフタをしたり、水滴が垂れない程度に濡らしたタオルを鍋全体にかぶせて酸素を遮断したりする方法もありますが、火に近づくことになるため危険です。

キッチン近くには、消火器と消火スプレーを常備しておきましょう。

先輩たちからひと言 加熱に対応していない保存袋で冷凍保存しておいたカレーを温めたら袋が溶けた

ひとり暮らしの先輩に聞いた「神食材」例

主食（炭水化物）

◯冷凍うどん

日持ちする。味付けのバリエーションが無限。レンジで2分のぶっかけうどんはライフライン

◯冷凍パスタ

困ったら温めてすぐ食べられる。お弁当にも使える

◯皿うどん用のパリパリ麺

コスパがよく、5つで約200円だった。ごはんを炊くのが面倒なとき、皿うどんにすればお腹がふくれるし野菜もたっぷり食べられる。ベビースターみたいにお菓子の代わりにもなる!

たんぱく質

◯卵

栄養価が高い。ゆで卵は、おやつや弁当に。生のままなら卵かけごはんに。温泉卵は、料理にのせると見た目がいい感じになる

◯ツナ缶

サラダ、炒めもの、煮ものなど、なんにでも使える。寒いシーズンはごはんと一緒に炊き込んで、簡単に炊き込みごはんにできる。なにより、冷蔵庫のスペースを埋めない

◯サバ缶

簡単に魚を食べたいときはこれにかぎる

◯豆腐

たんぱく源としては安くて、ものによっては日持ちもする。自炊が面倒になるとたんぱく質が不足しがちだったので、手軽に食べられてよかった。満足感もある

◯魚肉ソーセージ

日持ちするし、なんにでも使える。いざとなれはそのまま食べられる

◯納豆

あればかならずおかずになる。余ったら冷凍しておける。納豆チャーハンとか具材にもなる。とにかく便利。しかも安い

野菜

◯なす

揚げても蒸しても焼いてもゆでてもなんにでも使える。料理も何パターンもいける

◯トマトジュース

トマト缶を開けるほどではないときや、トマトソースをつくりたいときに便利。そのまま飲んでもおいしい

◯キャベツ

腐りにくいうえに、とりあえず野菜が欲しいときに大抵使える。年中安い

◯ほうれん草

チンしてラップでくるんで冷凍しておくと便利。和食でも洋食でも解凍してプラスすれば野菜がとれるし、醤油をかければおひたしになる

調味料

◯オイスターソースとお好みソース

何をつくるか悩んだとき、野菜と肉を炒めてかければ1品できる

◯カレー粉

何にかけても味を変えられるので万能。炒めたものにかけるだけでそれなりの味に

◯ごま油

炒めものの風味がアップする

◯バージンオリーブオイル

いいオイルを買うと、サラダはもちろん、パンやモッツァレラチーズにかけても味の深みが増しておいしい。食べ比べも楽しい

◯チューブにんにくとチューブ生姜

にんにくと生姜があればだいたいのものはおいしくなる。生だと干からびやすい

◯液体白だし

和風の味付けはほぼすべてこれ1本でいける。面倒なときは、魚の切り身にかけてチンするだけで蒸しものができる

◯鶏ガラスープのもと

お湯でとけばスープに、醤油と合わせてごはんを炒めればチャーハンになる

◯乾燥パセリ

最後にふりかけるとおいしそうに見える。緑色の野菜を使わなくても、野菜を食べたような気分になる

◯ハーブや香辛料

いろいろあると味が変わるし、おいしさもアップ。保存も楽。バジルやオレガノなどは使いやすい。ガラムマサラはカレーが複雑かつ大人な味になる。ブーケガルニはスープの底力が上がる

◯クミン

なんでも大人なカレー風味になる。麻婆豆腐に入れてもおもしろい。肉や煮ものが一気に本格的な味になる

◯粒マスタード

なんとなくいいもん食ってる気分になれる

◯専門店の高価な七味や山椒

香りも味も格別で、うどんやだし巻きなどの格が上がる。国産銘柄牛のように高くないので買いやすい

◯和山椒

舌に苦味系の刺激を与えることで、食材のおいしさが際立つとか。テレビで見て以来、なんにでもかけてる

◯粒胡椒

粒胡椒をミルで挽いてかけると、料理上手に見える

ひとり暮らしの先輩に聞いた

買ってよかった・後悔した台所用品

買ってよかった！

◯味噌汁用のマドラー
味噌汁をつくるとき、便利すぎて手放せなくなった。時短につながる

◯シリコンスチーマー
根菜とか、冷蔵庫にあるものとコンソメを入れてチンすれば、ひとり用のおかずとしては十分だった。下ゆでの代わりにも使える

◯電気ケトル
ワンルームの狭いキッチンで、1口のIHコンロ。おかずと汁ものの同時調理ができないなか、ケトルでお湯沸かしてフリーズドライのスープをつくると、食卓が少しは華やかになる

◯カセットコンロ
震災など有事の際にも役立つので持つべし。カセットガスは常に数本ストックすること

◯白髪ねぎカッター
超時短。きれいに仕上がる

◯ゆで卵のゆで具合がわかるやつ
めっちゃおいしい半熟卵が簡単にできる

◯電子レンジ用ラーメン容器
おひとり様にやさしい。100均にもあるし、300円くらいでも買える。ひとり鍋に最適。手軽に野菜がたくさん食べられる。アクも出ないし、そのまま食べられて洗いものも減る

◯食器用水切りマット
汚れたら洗濯機にポイ。場所もとらない

◯皮むき器（ピーラー）
地味に活躍してくれる。包丁でミスってケガすることもないし、時短にもなる

◯シリコン調理スプーン
混ぜるにもよそうにも使い勝手良し。炒めもの、スープ、なんにしても本当に使いやすい

◯キッチンばさみ
包丁とまな板を出さなくても切れる。疲れた日の夜食づくりで重宝する

◯レンチンできるパスタ調理器
パスタをレンジでゆでながら、同時にソースをつくれる

買って後悔した……

○鉄のフライパン
メンテナンスが大変。テフロン加工のフライパンを使って、テフロンがはげてきたら買い替えるのが結局一番ラク

○100均のうつわ
適当に買ったものの、全然壊れないから20年使い続けるはめになった

○三角コーナー
シンクのスペースをとって邪魔なうえ、不衛生。ビニール袋をひっかけられるスタンドのほうがよほど便利

○フタのないごみ箱
生ごみを密封して捨てたはずなのに、ゴキブリやコバエなどの害虫が寄ってくる。キッチンのごみ箱は絶対フタつきを

○手に余るスパイス類
出しておくと油ですぐに汚れてしまう。引き出しや収納スペースに入らないスパイスは自分のキャパを超えていると思い、処分した

○タコ焼き器
ノリで買ったけど一度も使わず。タコ焼きプレート付きホットプレートのほうが友達が来たときにいろいろ楽しめる

○安い包丁
妥協して安いものを買ったら、すぐ切れなくなり、結局ムダになった

○厚いまな板
重くて洗うときに大変だし、腕が疲れる。薄いやつで十分

○折り目がついてるまな板
切ったものを鍋に入れるとき便利だったけど、だんだん折りぐせがついて切りづらくなった。最後は折り目のところから裂けてしまい、捨てることに

○ミキサー
洗うのが面倒で、だんだん使わなくなった

○ホットサンドメーカー
1回しか使わなかった

○タッパー
便利だけど、大きさやメーカーなどをそろえないとどんどん増えて、最終的に収納場所に困る

○ウォーターサーバー
キャンペーンに惑わされてレンタルしたが、結局、月々の水道代が高くなってしまった

第3章

身だしなみ

清潔さを保てない
＝
心が疲れている

①髪・肌・爪②衣服③匂い。
この３つのケアができないときは
体や心が、疲れているのかも。

そんなときは美容院に行ったり
時間をかけて服や靴を
キレイにしてみたり。
「ちょっといい感じだな」と
思えるポイントをつくって、
自分をいたわりましょう。

心地よく過ごすなら洗濯は週2〜3回

「プレ洗剤」が便利

週に1回しか洗濯できないときは、
「プレ洗剤」を活用してシミや匂いを防ぐという手もある

STEP 1
汚れや匂いが気になる部分に、洗濯用プレ洗剤を直接かける
(液体がしみ込む程度)

STEP 2
ランドリーバスケットなどに入れて、洗濯をするまで置いておく

STEP 3
いつも通りに洗濯をする

汚れや匂いは意外と染みつく

洗濯1回分の電気代・水道代は、合わせて30円程度。毎日洗濯した場合と、週に1回洗濯した場合を比較すると、年間で9000円程度の差が生じます。

しかし、**週に1回しか洗濯をしないと、放置している間に汚れが定着してしまいます**。シミがつくと、クリーニングに出しても取れなかったり、シミ抜きに数千円程度かかったりすることも。節約の

通気性のよい
ランドリーバスケットを使おう

**濡れたタオルや脱いだ衣服を洗濯機に入れっぱなしにしておくと、
雑菌が繁殖し、洗っても落ちない匂いがつく。
洗濯頻度が低い場合は、通気性のよいランドリーボックスを使おう**

◯折りたたみタイプは収納に便利
◯布をはずして洗えるものを選ぶ
◯タオルは軽く干してから入れるのがベスト

ステンレス製
カビが生えにくく、サビにも強い

スチール製
カビは生えにくいが、サビやすい

布製、メッシュ
厚めの布の場合は使用後に干す

天然素材（藤・竹など）
ささくれで衣類を傷めることがある

プラスチック製・シリコン製
バケツタイプは通気性が悪い

つもりが、痛い出費になるかもしれません。

　また、一度ついた匂いはしつこく、洗濯したのに汗をかいたら匂ってくることもあります。特に肌着や下着類は、一見汚れていないように見えても、汗や皮脂がついているもの。週に2〜3回くらいの頻度で洗濯をすると、気持ちよく過ごせるでしょう。

　勉強や仕事が忙しかったり、疲れたりしていて、**家事ができないときに便利なのが、「洗濯用プレ洗剤」**です。プレ洗剤のなかには、1週間放置しても布繊維が傷まないものもあります。上手に活用して、シミや匂いを防ぎましょう。

先輩たちからひと言　洗濯機を外に置いていたら、すぐにボロボロになった。洗濯機は屋内に置くべき

クリーニング代は生活上の必要経費

しわや毛玉だらけの服を着ないために

デリケートな素材やしわになりやすい素材の衣服、型崩れしやすい衣服は「おしゃれ着用洗剤」で洗うことができます。でも、いざやろうと思うとけっこう大変。素材によっては、「おしゃれ着洗い」の後にアイロンがけも必要です。

アイロンがけといえば、「嫌いな家事ランキング」上位の常連項目。どんなにデザインが素敵でも、アイロンがけが必要だと思うと着る

「おしゃれ着洗い」はけっこう大変

STEP 1

洗濯表示を確認する

〈自宅で洗える〉

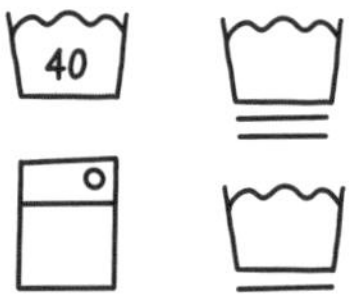

数字は水温。40と書かれている場合は、40℃以下の水で洗う。桶のマークの下のラインが増えるほどデリケート。ドライコースや手洗いコースで洗おう

STEP 2

洗濯機で洗う

たたんでネットに入れて、洗濯機へ。コースを選び、洗剤を入れる

〈手洗いがベター〉

洗濯機のドライコースや手洗いコースで洗える場合もあるが、衣服を長持ちさせるためには、なるべく手洗いしよう

STEP 2

手で洗う

洗濯桶や洗面器などに水かぬるま湯をはり、洗剤を入れてかき混ぜる。たたんでネットに入れた衣類を沈めて押し洗いしたら、きれいな水にかえて押し洗い×2回。大きめのタオルではさんで水気をとる

STEP 3

洗濯表示に合わせて干す

ハンガーなどにかけてつり干し	斜線入りは、日陰でつり干し	平らなものの上に広げて干す	斜線入りは、日陰で平干し

重量のあるセーターなどは平干し。物干しにかけてもよい。しわが気になるところは手で軽く伸ばしたり、手ではさんで叩く

クリーニング料金の目安

- **ワイシャツ1枚　150〜350円**
- **ジャケット1枚　800〜1500円**
- **スラックス・スカート1枚 350〜700円**
- **スーツ上下セット 950〜1800円**

※あくまで目安。地域によって相場が異なる

このマークの衣類はクリーニング店に

※ただし、「水洗い可」のマークがあれば、自宅で洗える

気が失せて、収納スペースを圧迫するだけになってしまいます。

節約志向も大切ですが、「クリーニング代は、ストレスをためずに生活するための必要経費」と考えると、気持ちが少しラクになりますよ。

店舗への行き来が面倒な場合は、宅配型のクリーニングを利用しましょう。10点パックなどのセットプランを利用すれば、通常より安くすむこともあります。

服を買うとき、店員さんに「洗濯のしやすさ」や「アイロンは必要か」を確認するのもおすすめです。形状記憶のワイシャツや、ポリエステル製のブラウスなら、**アイロンがけの手間が省けますよ。**

先輩たちからひと言　毎日洗濯するなら洗濯機の容量は5kgでOK。毛布を洗いたいなら7kg

春と秋の衣替えで服を断捨離する

衣替えのメリット

- 不要な服を“見える化”できる
- 着ていて（見ていて）気持ちよくない服を処分するきっかけになる
- かぎられた収納スペースを有効に使える

いつやればいいの？

春　最「低」気温が18℃を超えたら

秋　最「高」気温が18℃を切ったら

収納前のチェックで取捨選択を

　衣服を断捨離するきっかけを強制的につくれるのが、春と秋の衣替えです。収納している服をいったんすべて出して入れ替えるというプロセスのなかで、**普段は隠れていた不要な服を〝見える化〟することができます。**

　衣替えをするときは、1枚ずつ出して広げ、汚れや痛みがないか、次のシーズンの自分に必要かをチェックします。しまう前に洗ったり

ヨレヨレの服にさようなら

1. シーズンオフの衣類をすべて出す
2. 1枚ずつ出して広げ、汚れや傷み具合をチェック。ヨレヨレの服や、クリーニングに出すほどではないな、と思った服は不要ボックスへ
3. 残すことを決めた衣類をたたみ、収納ボックス（必要ボックス）に入れる（洗濯やクリーニングをしてから）
4. 不要ボックスに入れた衣類を処分する

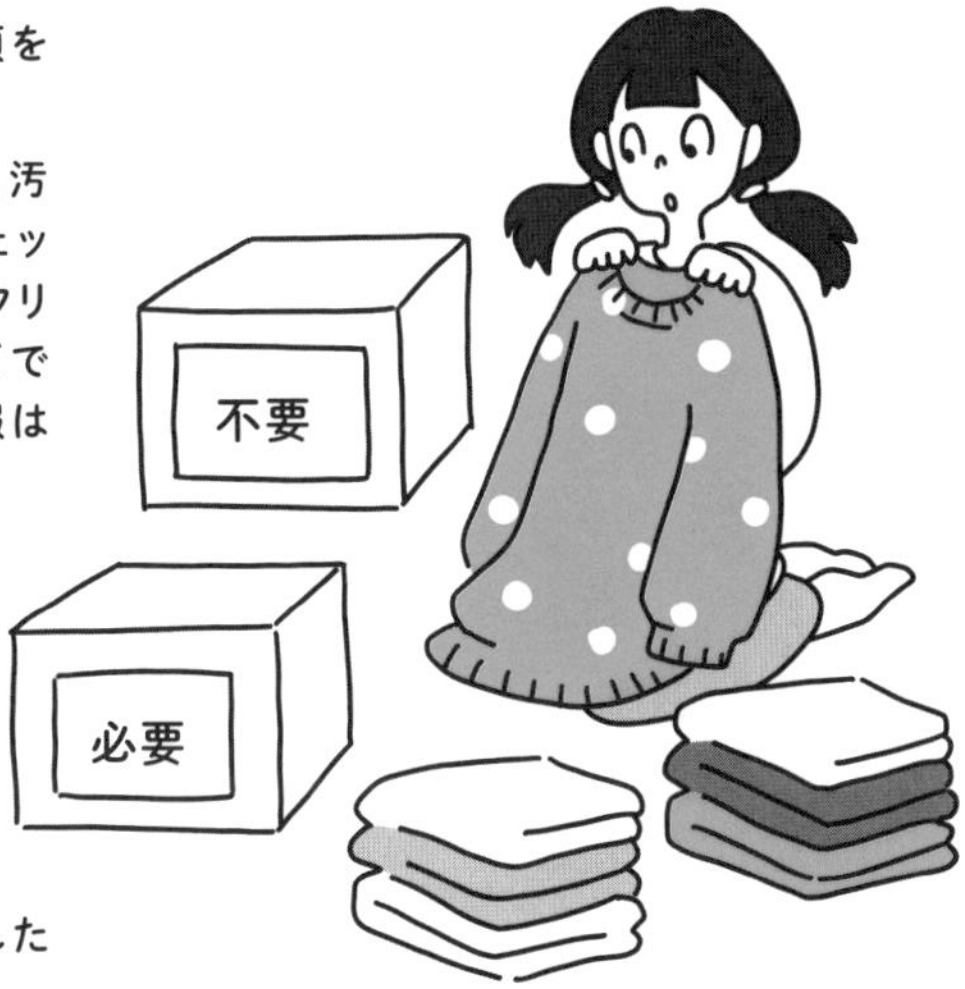

ごみとして捨てるのが心苦しい場合は、「古着　回収」などで検索して業者に引き取ってもらうか、衣服の回収を行っているアパレルブランドに持ち込もう

クリーニングに出したりするのを面倒に感じたら、不要な服かもしれません。

また、気に入っているけど**ヨレヨレだったり、シミや毛玉が目立って、着ていて（見ていて）気持ちがよくない服は、思い切って処分しましょう。**

残すことを決めた服は、防虫剤と一緒に収納ボックスに入れ、天袋やクローゼットの奥へ。普段出し入れする衣服と別の場所に保管することで、かぎられた収納スペースを有効に使うことができます。

ちなみに、衣替えは天気のいい日にやるのがおすすめです。ホコリが出るので換気も忘れずに。

先輩たちからひと言 コインランドリーには女性客を狙った痴漢や変質者がいるので、夜間は使用しない

肌・髪・爪を整えると清潔に見える

不潔に見えると見た目で損をする

「自分は大丈夫」と思っていても、**周りの人から「なんだか不潔に見える」と思われる人には、いくつかの共通点があります。**

たとえば、髪型。毎日お風呂に入って髪を洗っていても、寝ぐせがついていたり、伸びた髪をそのままにしていたりすると、だらしない印象になってしまいます。

また、伸びた爪や汚れた爪も、不潔なイメージに直結します。爪

Check!

- ☑ 清潔感の正体は「潤い」&「整い」
- ☑ テカリやベタつきは「潤い」ではない
- ☑ 過剰でも不足でもないバランスのよさが「整い」

肌

洗って保湿

洗顔料を泡立てて洗い、ぬるま湯でしっかりすすぐ。清潔なタオルで水気をとり、保湿する(オールインワンタイプが便利)

紫外線対策

日焼け止め・日傘を使う。アウトドアブランドが出している日傘なら、男性も使いやすい

髪

洗って保湿

頭皮をマッサージするように洗う。リンスやトリートメントを使い、しっかりすすぐ

パサ&ボサ対策

顔周り(前髪、顔の横の髪)やロングヘアは、特にパサ感&ボサ感が目立つので注意。目立たない髪型になるよう、美容師さんに相談しよう。寝ぐせはスタイリング剤で直す。ただし、スタイリング剤はつけすぎないこと

こまめにカット

ショートは1ヶ月〜1ヶ月半、ボブは2ヶ月、それ以上長い髪は2ヶ月〜3ヶ月に一度が目安

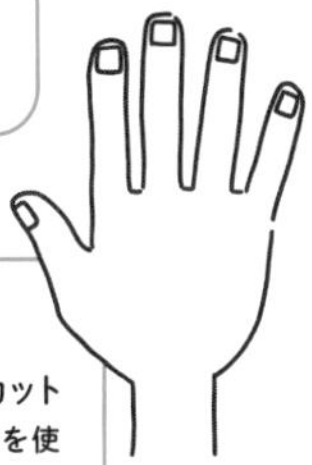

爪

洗って保湿

爪の間を洗い、ささくれをカットする(爪や眉用の細いはさみを使う)。ハンドクリームで保湿する

こまめにカット

手の爪は1週間、足の爪は2週間に一度が目安

その他

ヒゲ、眉毛は一度プロに整えてもらうのがおすすめ。鼻毛は切ろう

の長さを切りそろえるだけでも、印象は変わります。

　脂ぎった肌や、乾燥した肌も、清潔感を損なってしまう原因のひとつです。洗顔方法や保湿ケアの方法を見直し、水分と油分のバランスが整っている健康的な肌を目指しましょう。

　学校や職場など、人とコミュニケーションをとる場面では、**会話の内容より見た目から受ける影響のほうが大きいと言われています**。清潔にしているのにもかかわらず、清潔感がないと思われると、大切な場面でマイナス評価を受けてしまうことも。無理のない範囲で、肌・髪・爪のケアを習慣づけていきましょう。

先輩たちからひと言　男性用の日傘を使うようになったら夏の生活と肌の調子が激変した。おすすめ

口臭予防も兼ねて半年に1回は歯医者へ

大切なのは習慣づけ！若いうちに定期検診へ

歯の定期検診では、むし歯や歯周病の検査、歯石取りなどを行います。**1回あたりの金額は3000円程度**。市区町村や、学校・職場で、無料の歯科検診を実施していることもあります。

特に30歳以降になると、歯周病のリスクが高まります。歯周病は、嫌な匂いがするだけでなく、全身の病気の発症や進行にも影響を与えます。

Check!

- ☑ 学校、職場、住んでいる市区町村によっては、歯科検診を無料で実施している
- ☑ 歯科医院での検診は、1回あたり3000円程度
- ☑ 「歯科恐怖症」向けのクリニックもある

※検診の内容や支払い金額は、自治体や医療施設によって異なる

「予防」が結局安上がり

毎日の歯ミガキももちろん大事

歯と歯ぐきの境目にあてて20回

1～2本ずつ磨く感覚で、歯ブラシは小刻みに動かそう

寝る前は特に丁寧に!

寝ている間は唾液の分泌が少なくなるため、細菌が繁殖しやすくなる。口をゆすぐデンタルリンスも効果的

歯ブラシの寿命は約1ヶ月

毛先の開いた歯ブラシを使うと、歯垢除去率が4割ダウンすると言われている。1ヶ月に一度は買い替えを

デンタルフロスで歯垢除去率は約1.5倍

歯と歯の間の歯垢は、歯ブラシで磨いた後にデンタルフロスでかき出すのがもっとも効果的。初心者は持ち手のあるものを使おう

治療にかかる費用例（保険適用）

- ちょっと削る程度のむし歯　1500～3000円
- 中度のむし歯　2000～4000円
- 神経まで届いたむし歯　7000～10000円

80歳を超えたときに残っている歯の本数は平均10本ですが、定期検診に行かなかった人の平均が7本、行っていた人の平均は16本とも言われています。

80歳のときに残っている歯の本数によって、年間医療費が20万円近く変わる、というデータもあります。10代、20代のうちに定期検診に通う習慣をつけましょう。「歯の治療が怖い」と感じる人には、歯科恐怖症の人向けの歯科医院がおすすめです。

歯は、髪や肌、爪と同じくらい、見た目の清潔感を左右するものです。フロスも使って、清潔に保てるといいですね。

先輩たちからひと言　歯医者もだけど、健康診断も大事。年に1回はかならず健康診断へ!

匂いは体からのSOSサインかも

匂いのセルフチェック

- ☑ 空調が効いた部屋で長時間過ごすことが多い
- ☑ 定期的な運動習慣がない
- ☑ 体をしっかり洗っていない
- ☑ 肥満気味である
- ☑ 肉類や脂肪分の多いものをよく食べる
- ☑ お酒をよく飲む
- ☑ 糖質制限のダイエットをしている
- ☑ 便秘気味である
- ☑ 心配性で緊張しやすい
- ☑ 夜更かしや多く眠れない日が続いている
- ☑ 耳あかが湿っている
- ☑ 糖尿病などの慢性疾患がある

※チェックが多いほど、体臭が発生する可能性が高いと言われている

体臭や口臭をセルフチェック

体臭のおもな原因は汗や皮脂、口臭のおもな原因はむし歯や歯周病です。口臭は、歯科医院にある口臭測定器や、市販の口臭チェッカーで客観的な数値を測定することができます。

体臭を自分でチェックしたいときは、一度お風呂に入って嗅覚をリセットしてから、着用済みの衣服の匂いを嗅いでみましょう。または、コーヒーを飲んで嗅覚をリセット

日常生活で気をつけたい「5つの匂い」+α

口臭

歯周病やむし歯、唾液の減少などにより発生する。起床してすぐは、唾液量が少ないので匂いが目立ちやすい

【対策】ガムを噛んだり、唾液腺を刺激するマッサージをしたりして、唾液を減らさないよう工夫する

ストレス臭

心理的に緊張やストレスを感じると発生する。硫黄化合物のような特殊な匂い

【対策】ストレスを減らすことが大切。音楽を聴いたり、マッサージをしたりして、リラックスする

早期加齢臭

糖質や劣化した油のとりすぎにより、20〜30代で発生する加齢臭

【対策】入浴時に、首・胸部・背中の皮脂汚れをしっかり落とす。衣服に付着した皮脂汚れ（黄ばみ）を放置しない

まくら臭

通常は40代以降で発生。10〜30代で匂いを感じたら、シャンプーのしすぎが原因の可能性も

【対策】そばがらやパイプなど、通気性がよい素材を使った枕を選ぶ。防臭効果のある枕もおすすめ

疲労臭

疲労やストレスにより肝臓機能が落ち、分解されなかったアンモニアにより発生する

【対策】ミョウバンの入ったデオドラント剤を使う。生活習慣を見直す

ワキガ臭

日本人の10人にひとりがワキガと言われている。遺伝や性ホルモンが原因なので、完全に予防することは難しいが、細菌の繁殖を抑える殺菌剤を使えば匂いを抑えることができる。どうしても気になるときは、皮膚科や形成外科を受診しよう

し、匂いが気になる体の部位を手やガーゼでこすって嗅いでみるのもよいでしょう。

汗や皮脂を洗い流して清潔にしていても、思わぬ原因で匂いが発生することがあります。

たとえば、緊張したときに皮膚から出る「ストレス臭」。硫黄のような臭いで不快感があり、性別や年齢に関係なく、職場や家庭の人間関係によって発生することが多いと言われています。

全身からツンとしたアンモニアのような匂いがしたら、それは「疲労臭」。ストレスと疲労が原因だと言われています。体をいたわってあげてください。

先輩たちからひと言　肉など、動物性たんぱく質をとりすぎると大便が臭くなる。食物繊維をとろう

COLUMN 4

ひとり暮らしの先輩に聞いた
買ってよかった・後悔したケア用品

買ってよかった！

◯高機能ドライヤー

安いドライヤーは、風が弱く重い。ロングヘアーの人には高機能ドライヤーがおすすめ。短時間で乾き、腕も疲れにくい

◯5本指ソックス

足の匂い予防につながる。普通の靴下と同じ見た目なのに、実は内側が5本指に分かれている靴下もある

◯就寝用着圧ソックス

履くだけで足に圧力を加えられるため、翌朝足がスッキリする。立ち仕事・デスクワークが多い人向き

◯オールインワンジェル

洗顔後のお手入れが一度ですむ。メンズ用品も販売中。肌ケアを始めたい男性には特におすすめ

◯乾燥機能つきの洗濯機

ワンルームだと、ベランダや干す場所がないケースもある。タオルだけでも乾燥機能を使って乾かすと洗濯がラクになる

◯衣類消臭モードつきの扇風機

部屋干ししたときに消臭機能が役立つ。ただ値段は高め

◯電動歯ブラシ

手動で磨くより手早くすみ、時短になる。洗面台が狭くて置き場がない場合は、電池式のものがおすすめ

◯洗顔シート

朝、時間がないときにサッと顔を拭くだけでキレイになる。災害時など、水が使えないときの備えにもなる

買って後悔した……

◯体を洗うタオル・スポンジ

だんだんカビが生えてくる。結局捨てて、手で洗うことにした

◯バスタオル

洗濯するのも乾かすのも大変。特にこだわりがなければ、フェイスタオルで十分

◯アイロン・衣類スチーマー

アイロンがけそのものが面倒で、一度しか使わなかった

◯結婚式用のゲストドレス

4~5万かけて買ったけど1回しか着なかった。毎回同じドレスを着るわけにもいかない。レンタルすればよかった。交友関係がかぶらない友達と貸し借りしてもよかったかも

◯室内用トレーニングマシン

運動しようと思って買ったが、ほとんど使ってない。邪魔だし捨てづらいし、見るたびに痩せろと言われてる気分になる。ヨガマットなど、折りたためるものにすればよかった

◯安いコンタクトレンズ

安いレンズに切り替えたら、目に入れづらいうえに、目から出すときも苦労した

◯大ボトルのアルコール消毒液

感染予防のために高い値段で買った。でもハンドソープで手を洗ったら除菌できるから、結局使わなかった

◯容量の少ない洗濯機

「ひとり暮らしだから4.5kgでいい」と思っていたけど、ため込んだときに回せなかった。7kgに買い替えた

◯ラメ入り入浴剤

使用後が大変だった。バスタブにラメが貼りつく。排水溝にラメがつまる。床もタオルもラメだらけになる

◯顔パック

保湿しながら家事ができるから、時短にはなる。ただ、毎日やると費用がかさむ

第4章 お金

心を安定させる「お金」の習慣

生きるためには、お金が必要です。生活費が足りないことが常態化したり、払えないほどの急な出費があったりするとしんどくなってしまいます。

単身世帯の1ヶ月の平均支出は約13万円（住居費・税金・社会保険料を除く）。自分の支出額と比べてみることから始めましょう。

1ヶ月分の支出を振り返ってみる

面倒でも1回
書き出してみよう

お金の管理は、1ヶ月間の支出（固定費と生活費）を洗い出してみることから始まります。自分が何にどれくらい使っているのかを把握していないと、何を節約したらいいのか、目標貯金額をどう設定したらいいのかもわからないからです。

　まずは、今日から1ヶ月間レシートを取っておいて、使った金額を記録しましょう。電子マネーやクレジットカードで支払った場合

まずは書き出すところから
（家計簿アプリに入力してもOK）

固定費

		〈平均〉
家賃	＿＿＿＿円	収入の30%以下
水道・ガス・電気代	＿＿＿＿円	約1万2000円
スマホ代・ネット代（Wi-Fiなど）	＿＿＿＿円	約7000円
交通費（車の維持費含む）	＿＿＿＿円	約1万2000円
その他（サブスク、NHK、民間保険など）	＿＿＿＿円	
社会保険料（健康保険・年金など）	＿＿＿＿円	給与明細を見てみよう。働いていない人は空白でOK
住民税・所得税	＿＿＿＿円	
合計	＿＿＿＿円	

食費は
削りすぎない
こと!

生活費

		〈平均〉
食費	＿＿＿＿円	約3万1000円
外食・飲み会	＿＿＿＿円	約2万1000円
日用品代	＿＿＿＿円	約6000円
服・化粧品・美容代	＿＿＿＿円	約1万円
娯楽費	＿＿＿＿円	約1万7000円
その他	＿＿＿＿円	約1万円
合計	＿＿＿＿円	

クレカや電子マネーで
使った分も忘れずに!

※平均値は総務省「家計調査報告書 家計収支編(2021年)」から算出

は、利用履歴を参照してください。

集計後、収入から支出を引いた差額が十分あれば、そこから目標貯金額を決めましょう。足りないようなら、支出を見直す必要があります。

上手に家計管理をする秘訣は、無理に節約をしないこと。特に、食費の過度な節約はおすすめできません。栄養が偏ると、体調を崩し、節約した金額以上に医療費がかかる可能性があるからです。

「お金をかけたい」と思えるジャンルにはしっかり投資し、「安くても気にならない」と思えるジャンルで減らすのが、ストレスなく家計管理を行うコツです。

 先輩たちからひと言 結婚式ラッシュは本当につらい。ご祝儀貯金をしておいたほうがいい

まずは100万円貯金を目標に

収入はあらかじめ分けておく

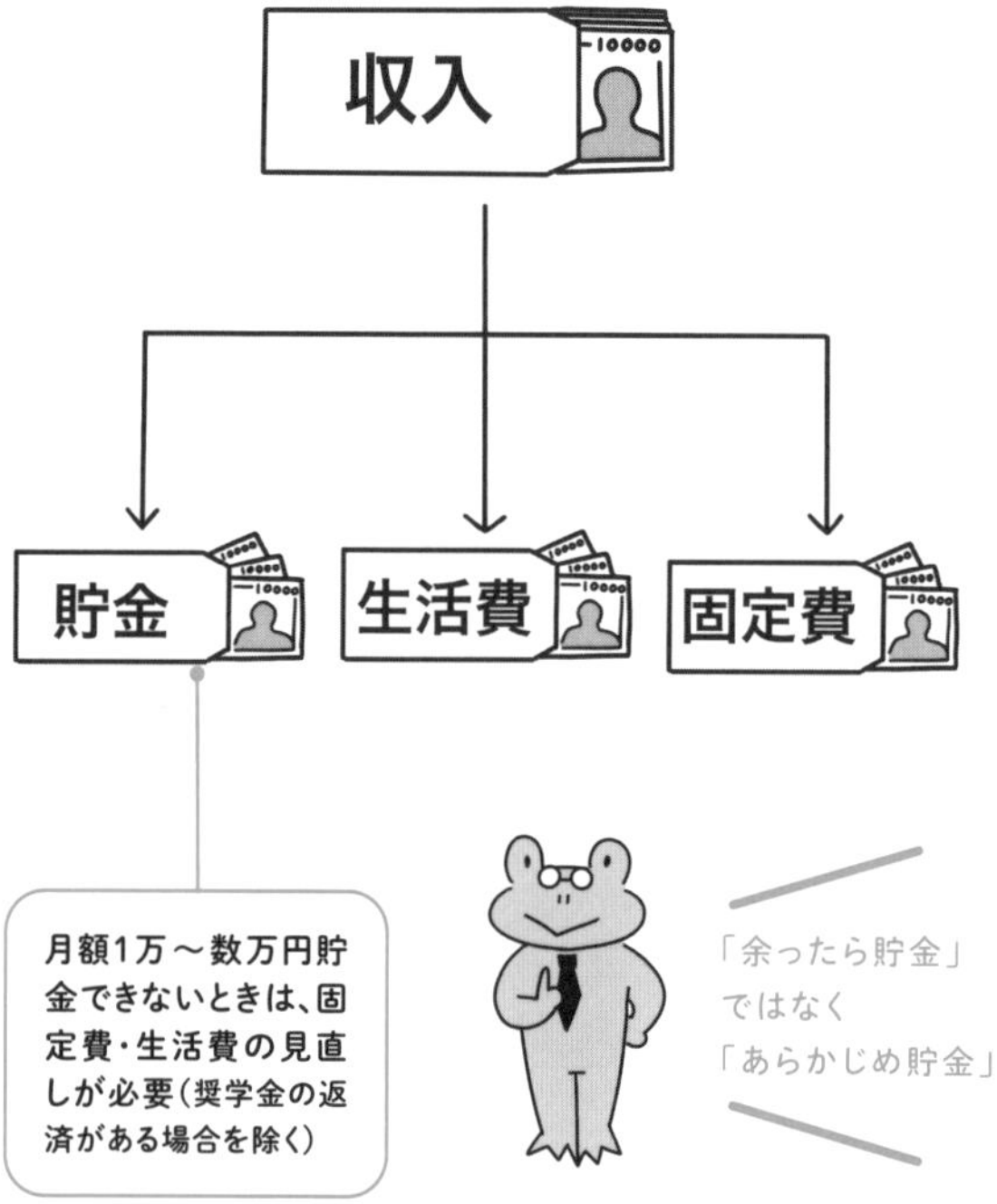

収入
10000
貯金
生活費
固定費
月額1万〜数万円貯金できないときは、固定費・生活費の見直しが必要（奨学金の返済がある場合を除く）
「余ったら貯金」ではなく「あらかじめ貯金」

月額数万円を自動積み立て

前ページで書き出した固定費+生活費は、収入の範囲内に収まっていますか？ 月に1万〜数万円貯金する余裕はありますか？

奨学金の返済などがある場合を除き、月に1万〜数万円貯金する余裕がないようだったら、見直しが必要です。

まずは100万円を貯金することを目標にしてみましょう。ひと月2万円、ボーナスが出る月は

自動積み立ての定期預金がおすすめ

- ☑ 自動積み立ては給料日に設定。使ってしまう前に貯金にまわす
- ☑ ボーナスが出る月は積み立て額を増額しておく

毎月決まった額を自動で専用口座に積み立てられる。まずは少額から始めて、生活に影響がなければ増やしていくのも手。積み立て型の保険もおすすめ。保険ショップで聞いてみよう

コツコツ100万円貯めると……

- 「長期的な視点」でお金のことを考えられるようになる
- 想定外の出費があっても、普段通りの生活を送れる
- 貯金習慣がつき、もっと貯めたくなる
- 新しいことにチャレンジしやすくなる（失敗しても、しばらく暮らせるお金があるため）

5万円など、自分の生活に合った額を決めておき、長期的に貯金する習慣をつけます。

なぜ100万円かというと、病気やケガで急に高額な費用が必要になったときや、トラブルでお金が必要になったときなどに、100万円があるのとないのとでは気持ちの余裕が大きく違ってくるからです。

無理せずコツコツ貯めるためには、自動で決まった額を積み立てられる「自動積み立て」がおすすめです。ネットでも申し込めますが、銀行の窓口へ行くと、さまざまな積立方法を紹介してもらえます。やり方がわからなくて不安な場合は、銀行の窓口へ行ってみましょう。

先輩たちからひと言　高額なものを買いたくなったときは1日考えてから決める

お金の習慣を定期的に見直そう

「チリツモ出費」の習慣化はNG！

世の中には、「高収入なのに、なぜかお金が貯まらない人」がいます。その一方で、「収入は少ないのに、しっかり貯めている人」もいます。なぜこのような違いが生まれるのでしょうか？

たとえば、高額な買いものをするときには「今回は奮発するぞ！」と気合いを入れますよね。でも、毎日のコンビニ通いや自販機でジュースを買うときには、「数百円な

！ STOP! こんな習慣

✕ ATMを頻繁に利用し、手数料がかかっている

→ひと月に必要な分を一度で下ろす
→手数料が安い金融機関に変える
→クレカや電子マネーを活用する

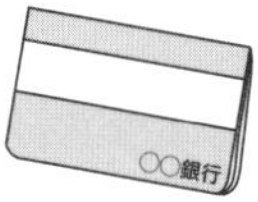

✕「なんとなく」買っている

→買う前に「本当に欲しいのか」自分に問う
→欲しいものは優先順位をつけてリストにしておく

✕ クレカ&電子マネーの使用額を把握していない

→家計簿をつける
→分割払いやリボ払いをやめる

✕「余ったら貯金しよう」と考えている

→自動積み立ての定期預金や保険で貯める
→「旅行用」「老後用」など貯金の目的を決める

すぐに見直し&節約できるのは

電気代

安い会社を選んで契約することができる。ガス料金とセットで割引になるプランなども。「電気代　比較」などで検索して、自分のライフスタイルに合ったプランを選ぼう

スマホ代

docomo、au、SoftBankなどの「大手キャリア」から「格安SIM」に乗り換えると、月額5000円近く安くなることもある。「格安SIM　比較」などで検索して自分に合うプランを調べよう

外食費

疲れているときや自炊が苦痛なときの外食代は必要経費だが、自炊を楽しめるときは外食の頻度を減らす

食費

買いものする日を週2〜3回に決め、「毎日なんとなく買ってしまう」習慣をやめる。また、買いものに行く前に必要なものをリストにしておくと、衝動買いを防げる

娯楽費

娯楽は生きるうえでとても大事なもの。でも、生活が苦しくなるほど使うのはやりすぎ。月額の上限、年額の上限など、自分の上限を決めておこう

サブスク代

利用頻度を考えたうえで、不必要なプランに入っていないか確かめよう

らいいか」と意識が低くなりがちです。このような**「チリツモ出費（チリも積もれば山となる出費）」を1ヶ月続けると、5000円~数万円の出費になります。**

お金を貯められる人は、この「チリツモ出費」を見逃しません。**コンビニや自販機でジュースを買う代わりにお金を貯め、1年間で6万~数十万円の貯金額を捻出しています。**

まとまった貯金があれば、安心感を得られるだけでなく、積み立て投資などでさらにお金を増やすこともできます。ストレスにならない範囲でお金の習慣を見直し、少しずつお金を貯めていきましょう。

先輩たちからひと言　毎月クレカの請求見てびっくりする。2000円くらいのポチりやすいものが危険

2大NG「リボ払い」と「キャッシング」

急な出費でクレジットカードを頼らない

クレジットカードのリボ払いは支払いが長期に渡るため、手数料の総額が高くなりがちです。「リボ払いにするとポイント5倍」など、特典がつくケースもありますが、カード会社がわざわざポイントをつけてリボ払いを推奨するのは、手数料で儲けられるから。

リボ払いは、いわば高金利の借金。できるかぎり利用しないように心がけましょう。

両方とも高金利の借金

リボ払い
ものやサービスを買うためにカードでお金を借りること
手数料（金利）：12～15%

キャッシング
クレジットカードを使いお金を引き出す（借りる）こと
手数料（金利）：15～18%

ほかのローンと比べてみると…

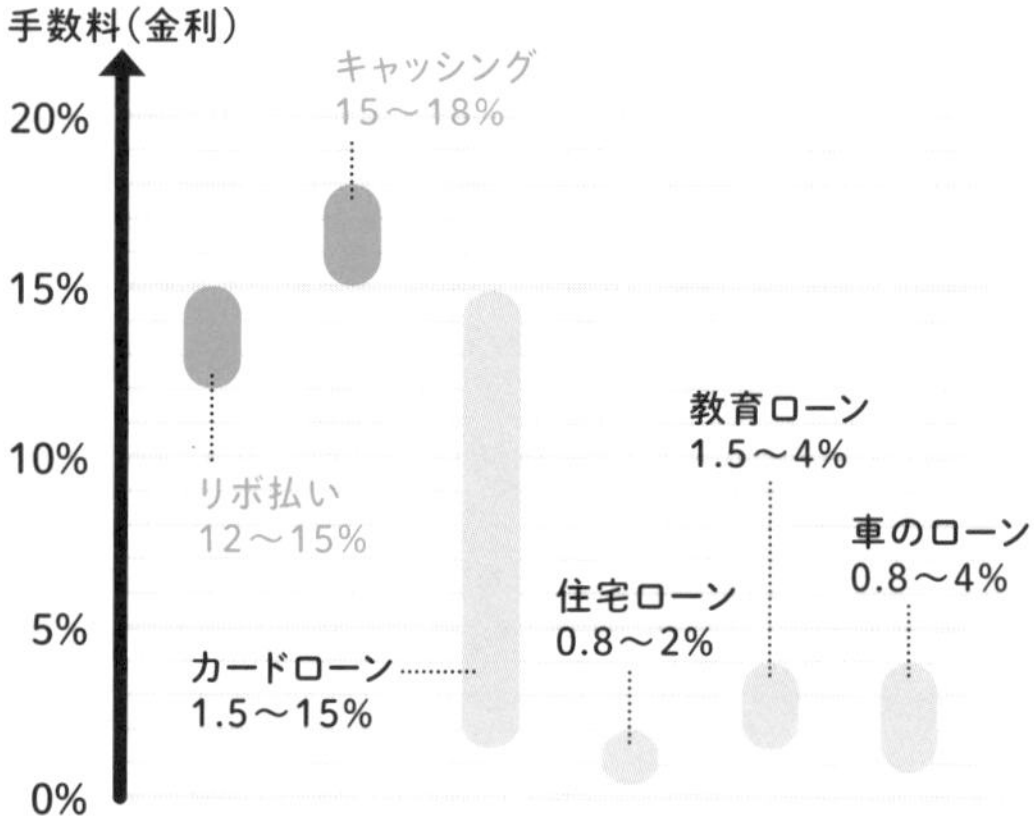
手数料（金利）
20%
15%
10%
5%
0%
キャッシング
15～18%
リボ払い
12～15%
カードローン
1.5～15%
住宅ローン
0.8～2%
教育ローン
1.5～4%
車のローン
0.8～4%

返しても返しても終わらない！

20万円を
毎月5000円の
リボ払いにした場合…

合計返済金額は
28万7670円
（うち、手数料8万7670円）
返済回数は
58回（約5年）

金融庁の「借金シミュレーター」で確認してみよう

手数料（金利）を節約するためには、返済回数を減らすことが一番重要。ボーナスなどが入ったら一刻も早く残高を支払おう

キャッシングとは、コンビニなどのATMでクレジットカードを使って現金を引き出せるサービスです。似たようなサービスに、カードローンもあります。

どちらも便利なサービスですが、借金であることに変わりありません。支払いが遅れると信用情報に傷がつき、住宅ローンや車のローン、スマホの買い替えにも影響が及ぶ可能性があります。

急に現金が必要になった場合は、まず親や親族など、信頼できる人に相談しましょう。**親や親族に頼れない事情があるときは、かならず返済額や返済期間のプランを立ててから借りましょう。**

先輩たちからひと言　仕事に空白期間ができてしまい、カードローンを利用した。10年近くかけて完済

クレカ&電子マネーとの付き合い方

Check!

- 利用明細と口座の残高を毎月1回は確認する
- 自信がない人は、「事前に決めた金額しか利用できない」ようにする
- ポイントを貯めることを目的化しない

クレカのポイントを貯めたいなら
固定費(家賃・光熱費・スマホ代など)の支払いをクレカにする
→ 毎月決まった額なので、払いすぎることがない
→ 勝手にポイントがつく

「お金を払っている感覚」を忘れないようにする

クレジットカードや電子マネーで支払いをする「キャッシュレス決済」を利用する人が、年々増えています。しかし**キャッシュレス決済にすると、必要以上にお金を使ってしまうことが多いと言われています。**

なぜなら、「財布からお金を取り出して使う」というアクションがないから。キャッシュレス決済はお金を払っている感覚を感じにく

「事前に決めた金額しか利用できない」ようにするには

クレジットカードの場合

①クレカをやめてデビットカードにする

デビットカードは、カードを利用すると即時に口座からお金が引き落とされるので、口座にお金がなければ使えない。毎月、決まった額を口座に入れておき、そこからカードの使用額を引き落とせるようにしておけば安心

②クレカの利用限度額を設定しておく

クレカの裏面にある電話番号に電話し、「利用限度額を○万円に引き下げたい」と相談すれば、手続きの方法を教えてもらえる（利用限度額を超えたらLINEやメールで教えてくれるサービスもある）

電子マネーの場合

③クレカではなく、デビットカードとひもづけておく

デビットカードにしておけば、口座の残高以上に引き落とされることはない。①同様、毎月決まった額を口座に入れておけばよい

④現金を自分でチャージするタイプを選ぶ

オートチャージ機能はオフ。お金を使っている感覚がなくなって、ついつい使いすぎてしまうことが多い。自分でチャージする「プリペイドタイプ」を使えば、使いすぎは防げる

→ 不正利用されたときの被害も最小限にできる！

いため、現金で買うよりもお金の価値を低く見積もってしまう傾向にあるようです。

たとえば、「1万円札を取り出して支払う」というときにためらう人が、「電子マネーで1万円分を決済する」となると、簡単にできてしまうという現象が起きています。

クレジットカードや電子マネーは、決済のたびにポイントがつくものが多いため、「ポイントを貯めるために買いものをする」という行為が習慣化してしまうおそれもあります。ポイントを貯めることを目的にするのではなく、**「必要なものだから買う」という観点で買いものをするようにしましょう。**

先輩たちからひと言　プリペイドカードのオートチャージは金銭感覚が麻痺したので、途中でやめた

「民間保険」は必要に応じて入る

保険ショップに行ってみよう

保険の世界は複雑すぎるので、プロに相談するのが一番ラク。
ただし、プロといっても担当者と相性が合わないケースもある。
迷ったときはその場で決めず、複数の店舗へ足を運んで
ほかの担当者にも相談してみよう

保険ショップでできること
- 保険や家計についての相談
- 保険の見直し
- 保険の申し込み
- 加入後のアフターフォロー

※保険ショップへ行ったからといって、無理に加入させられたり、追加料金を要求されたりすることはない

自分の収入に見合った「民間保険」に入る

「民間保険」とは、テレビCMなどでよく宣伝している、民間の保険会社が扱っている保険を指します。**社会保険や年金などの「公的保険」でまかなえない部分を「民間保険」でフォローする**、というのが保険の基本的な考え方です。

また、部屋を借りるとき、火災保険にはかならず入りますが、自然災害、ケガ、盗難などの損害保険は任意加入（入るかどうかは個人の自

「公的保険」ってどんなもの？

病気やケガをしたときに使う保険

◯公的医療保険

病院やクリニックで「保険証」を使うと、医療費自己負担額が1～3割に減る

◯高額医療費制度

公的医療保険の制度のひとつ。医療費が高くなりすぎたときに申請すると、一定額を超えた分が払い戻される

仕事中に病気やケガをしたときに使う保険

◯労災保険

仕事中や通勤中に、病気やケガをした場合や亡くなった場合に、労働者や遺族に対して保険金が支払われる

仕事がなくなったときに使う保険

◯失業保険

失業して収入がなくなったときに、失業給付などが支給される

介護が必要になったときに使う保険

◯公的介護保険

40歳以上の人が加入する保険。保険を使って介護サービスを受けるには、要介護認定が必要

高齢時や亡くなったときに使う保険

◯公的年金（老齢年金・障害年金・遺族年金など）

20歳以上60歳未満のすべての国民が加入している。会社などに勤務している人は「厚生年金」にも加入できる

足りない分を
民間保険でカバー

由）となっています。クレジットカードを持っている場合は、まずクレジットカードに自動的についている保険の内容を確認してから、どの民間保険に加入するかを考えましょう。

民間保険を選ぶときは保険ショップへ行くのがおすすめです。保険ショップでは、さまざまな保険会社のなかから自分に合った保険を選ぶことができます。**特に医療保険は、自分の収入と保険料のバランスが大切です**。社会人になると、保険会社に勤めている友達から高額な民間保険を勧められるケースもあります。ほかの保険と比較し、十分に吟味してから保険に入りましょう。

先輩たちからひと言　年金が払えなくなったので「日本年金機構」に電話して免除してもらった

少額のコツコツ投資を始めてみる

向いていない人もいる

投資に向いている人

- ☑ 家計が赤字になっていない
- ☑ 貯金（3〜6ヶ月分の生活費）がある
- ☑ 一時的に資産が減っても耐えられる

投資に向いていない人

- ☑ ギャンブルが好き
- ☑ 貯金がない
- ☑ 人の意見に左右されやすい

投資に使っていいお金

- ☑ すぐに使う予定がない貯金
- ☑ 10年以上先に必要なお金
- ☑ 多少のリスクを負っても増やしておきたい老後資金

投資には使えないお金

- ☑ 日常生活を送るための生活費
- ☑ 入院時や失業時など緊急用のお金

銀行の口座に預けておこう

左ページを参考に投資にチャレンジしてみよう

銀行口座に預けても お金は増えない

　現在は利息が低いため、銀行口座にお金を預けておいても、お金はほとんど増えません。それどころか、物価の上昇によってお金の価値が下がることもあります。一方、**株式投資や投資信託などの「投資」をすると、お金が増える可能性があります。**

　とはいえ、投資にはリスクがつきもの。大事な貯金を使うのは心配、という人は、無理のない範囲

ざっくり適正チェック

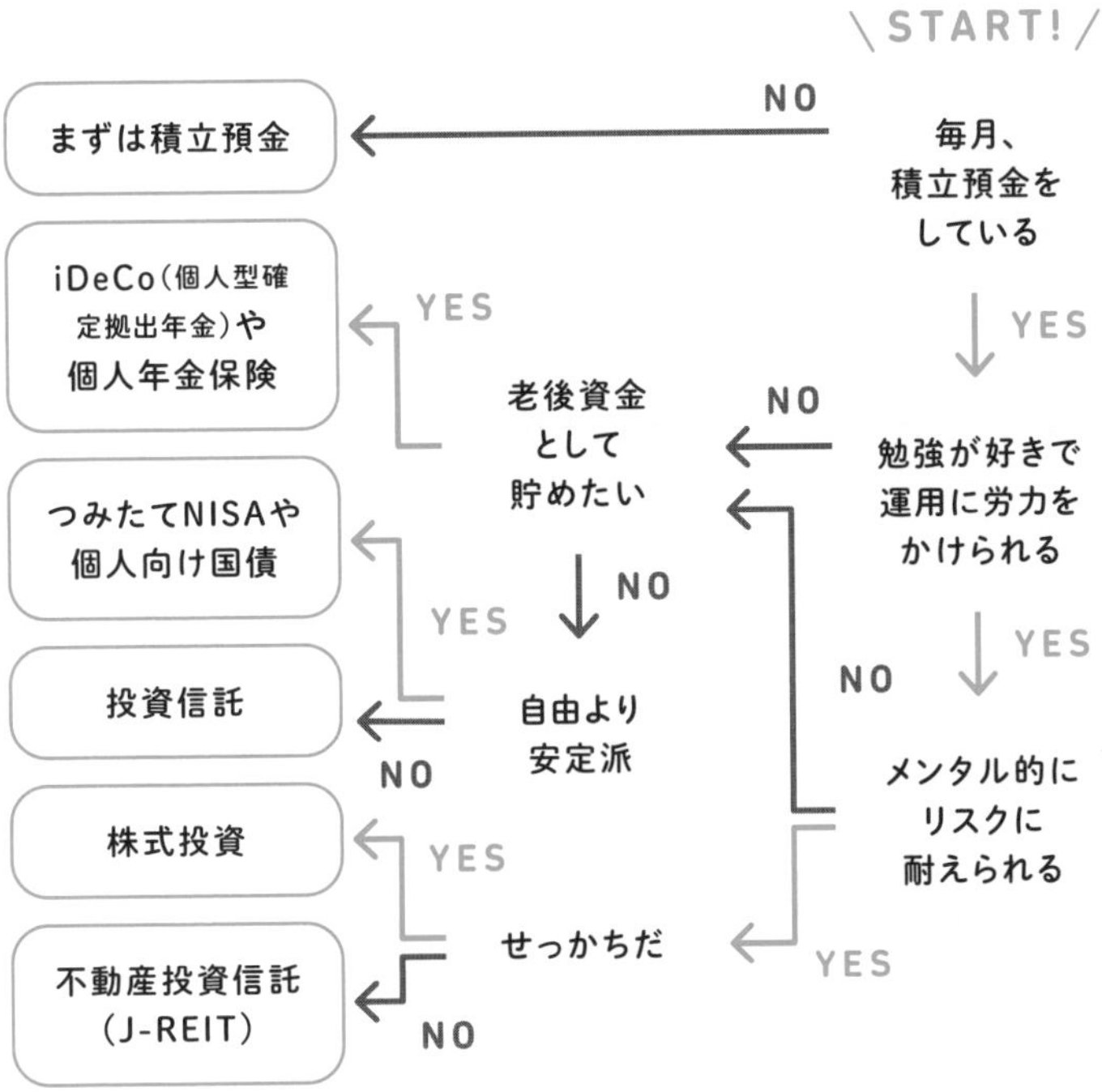
START!
毎月、積立預金をしている
NO
まずは積立預金
YES
勉強が好きで運用に労力をかけられる
NO
老後資金として貯めたい
YES
iDeCo（個人型確定拠出年金）や個人年金保険
NO
自由より安定派
YES
つみたてNISAや個人向け国債
NO
投資信託
YES
メンタル的にリスクに耐えられる
NO
YES
せっかちだ
YES
株式投資
NO
不動産投資信託（J-REIT）

で「コツコツ投資（積立投資）」を始めるのがおすすめです。積立投資なら、少額から始められて、金融市場の値動きを日々チェックする必要もありません。

積立投資にはさまざまな方法がありますが、**特におすすめなのが「つみたてNISA」と「iDeCo（イデコ）」を活用する方法です。**どちらも、資産形成を始めやすいように国がつくった制度なので、安心して利用できます。

独学で積立投資を始めるのが難しい場合は、ファイナンシャルプランナーに相談しましょう。相談料の相場は、1時間あたり5000円～1万円程度です。

先輩たちからひと言　貯金は利子より引き出す手数料のほうが断然高い。手数料が安い口座を開設しよう

「簡単に儲かる話」など存在しない

友達に誘われてもきっぱりNOと言う

ひとり暮らしを始めて行動範囲が広がると、言葉巧みに勧誘されてトラブルに巻き込まれる機会が増えます。誘い方は多種多様で、「エステを体験してみない?」「おすすめの化粧品がある」「尊敬する人に会ってみてほしい」「高級ホテルに安く泊まれる」など。

どの勧誘も、最初はハードルが低く設定されているのが特徴です。

話が進んでいくうちに、ねずみ講・

Check!

自分の都合でいつでもやめられる契約はない。
契約前に、かならず次の内容を確認しよう

- ☑ SNSの情報に流されていないか
- ☑ 値段や品質、返品や交換が可能かどうか、よく確認したか
- ☑ 「初回無料」の場合、複数回分の購入が条件になっていないか
- ☑ 借金をしてまで契約させられていないか
- ☑ 信頼できる人に相談したか

「儲かる話」=
「相手が儲かる話」だよ

“軽い気持ち”から トラブルにつながった例

友達に「ごはん行こ」と誘われた

友達に誘われてごはんを食べに行ったら、投資家がいた。「簡単に始められて儲かる投資がある。新たに人を紹介すれば紹介料も入る」と言われ、カードローンで60万円借りて契約したが、まったく儲からなかった

「無料体験」をやってみた

SNSで「ゼロから起業して簡単に稼げる」という情報商材を知り、無料体験から始めた。その後「途中解約できるから」と8万円の追加契約をすすめられてカードで支払った。月商100万円を超える人が何人もいるらしいが、自分はまったく儲からなかった

フリマアプリで商品を買った

フリマアプリでブランドものを買ったら、明らかにニセものだった。出品者は返品に応じてくれず、アプリの運営事業者に相談したら「当事者間で解決してほしい」と言われた。払ったお金は1円も戻ってこなかった

＼「〇万円もらえる」詐欺に注意！／

！ 絶対に教えてはいけない個人情報

- 暗証番号やパスワード、ID
- 口座番号
- マイナンバー
- 身分証明書
- 通帳やキャッシュカードの情報

国民生活センターに
相談が寄せられて
いないか
検索してみよう

情報商材・未公開株等に関する詐欺・暗号資産の投資サイト・FX自動売買システム・オンラインサロン・バイナリーオプションに関するトラブルに巻き込まれているのです。

親友だと思っていた友達や、懐かしいクラスメイト、SNSで知り合った人に勧誘されることもあります。**勧誘を受けたら、相手の話を信じ込まず、自分で詳細情報を調べてみましょう。**逮捕者が出ている、国民生活センターなどに相談が寄せられている、という情報が出てきた場合は特に注意が必要です。勇気を出してきっぱりと断りましょう。

先輩たちからひと言　結婚するなら、婚姻届を出す前にお金周り（奨学金含む）について確認したほうがいい

連帯保証人になってはいけない

ハンコを押したら終わりと思おう

Check!

- ☑「連帯保証人」は借金全額を返済する義務を負う
- ☑お金に困っている友人にできる唯一の行動は、適切な相談先や支援先※につなげること

※「多重債務　金融庁」「多重債務　財務局」などで検索すると、専門家が相談にのってくれる無料窓口を探せる。また、市役所の無料相談、国民生活センター、日本司法支援センター「法テラス」、「弁護士会の法律相談センター」などもある

「連帯保証人」とは、**借金をした人がお金を払えないときに、代わりに返済する人のこと**です。お金を借りるときだけでなく、家を借りるときにも、多くの場合は連帯保証人が必要で、借主が家賃を払えなくなったときの肩代わりをします。

　連帯保証人は非常に責任が重く、借金をした人が支払いをせずに遊んでいたとしても、文句を言わず

「連帯保証人」を頼まれたときの断り方

親に「連帯保証人には絶対になるな」と言われた
自分には荷が重すぎるので難しい
すでに借金を抱えていて金欠状態
自分も生活が不安定で、余裕がない
今の関係を壊したくない。今後も友達として仲良くしていきたいから、連帯保証人にはなれない
Dr. FROG

に返済しなければなりません。返済できない場合は、連帯保証人の資産を差し押さえられることもあります。

　また、借金をした人が自己破産したとしても、連帯保証人の役割は消えません。自分が他界しても、遺族が連帯保証人の立場を引き継ぎます。

　連帯保証人は、一度契約すると、簡単に解除することができません。そのため**多くの場合、連帯保証人は両親が引き受けます**。もし友達に「絶対に迷惑をかけないから」と言われても、きっぱり断りましょう。トラブルに巻き込まれないよう、自分を守ることも大切です。

 先輩たちからひと言　親に「お金を貸すと友人関係は壊れるもの」と教わって、それを実行している

COLUMN 5

稼ぎはかならず「手取り」で考えよう

会社員やアルバイトで給与をもらう場合

給与明細のここをチェック

支給	基本給	○○手当	○○手当	○○手当	○○手当	○○手当	総支給額

控除	健康保険	介護保険	厚生年金	雇用保険	所得税	住民税	控除合計額

勤怠	出勤日数	欠勤日数	○○日数	○○日数

差引支給額

※ざっくりイメージです

手取り（差引支給額）

税金と社会保険料（控除）

いわゆる「年末調整」とは?

生命保険控除や住宅ローン控除などの「控除」を申告し、払いすぎた税金の差額を還付してもらうために行う。申告した「控除」の額が増えるほど税金が安くなると考えるとイメージしやすい

フリーランスの場合

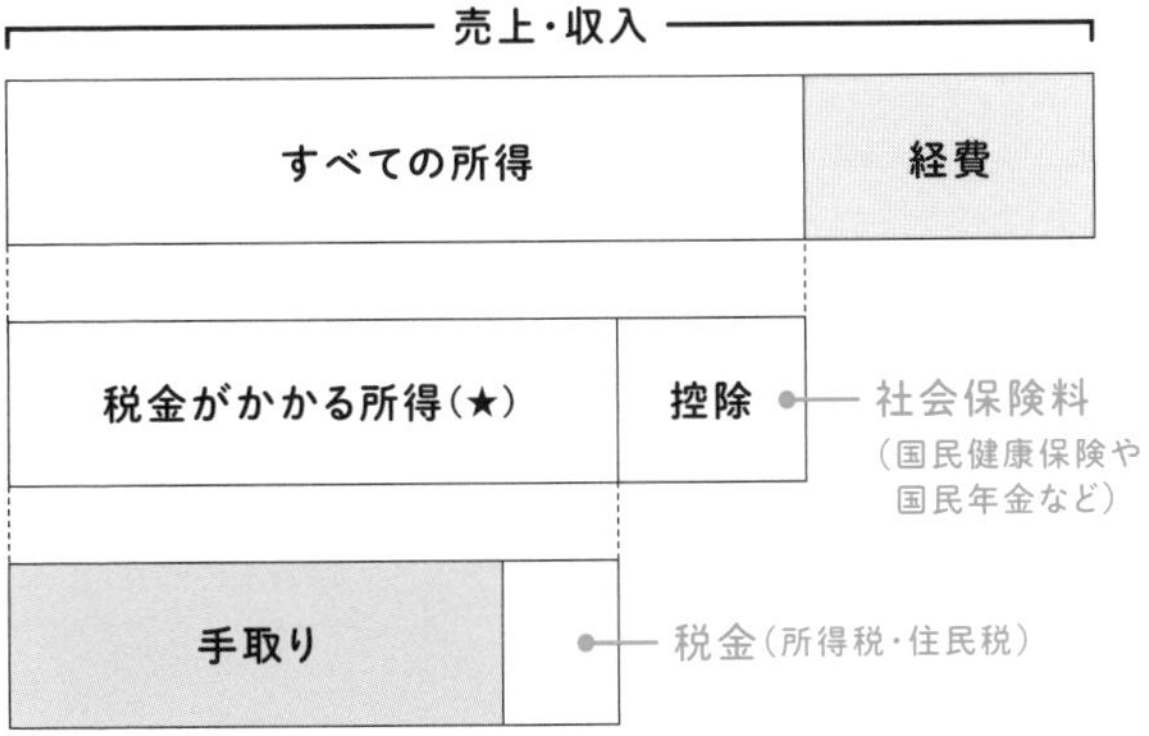

※ざっくりイメージです

いわゆる「確定申告」とは？

税金や社会保険料が自動で天引きされる会社員と違い、フリーランスは自分で払わないといけない。その額を計算するために、1年に一度「税金がかかる所得」（上の図★参照）がいくらかを申告する。これが「確定申告」。申告した経費や「控除」の額が増えるほど税金が安くなると考えるとイメージしやすい

＼ 気をつけて!! ／

! 税金や社会保険料の支払いが遅れるとペナルティがある

延滞金や差し押さえが発生する。払えないときは役所に相談し、分割払いや遅延の手続きをすること

! 「確定申告」をしないとペナルティがある

罰金的な税と延滞税が発生する。5年分はさかのぼって申告できるので、まったくしていない人は税理士や税務署に相談すること

第5章

防犯

心と体を守る
ひとり暮らしの防犯

短時間で終わるごみ捨てや
コンビニへ行く間
玄関や窓のカギを
開けたままにしていませんか?

「防犯対策をしていたら
被害にあわずに済んだのに」と
後悔しないよう
今日から対策を始めましょう。

侵入者は無施錠の部屋を探している

2階以上でも窓は閉めよう

空き巣・強盗・強姦などを目的とする住宅への侵入は、年間で7万件以上起きています。1日あたり約200件です。共同住宅への侵入手段で一番多かったのは無施錠。半数以上を占めていました。

2階以上の部屋に住んでいる場合でも、**お風呂に入るときには、部屋の窓のカギを閉めること。**コンビニに行くときやごみ出しなどでもかならず閉めましょう。

狙われやすい家

- 駅から半径500m以内
- 4階建て以下の小規模住宅
- 管理人がいない
- 比較的新しい
- 1、2階に住んでいる

※侵入犯の被害にあった共同住宅には、いくつかの共通点が見られた。ひとつでも当てはまる場合は、特に注意すること。当てはまらなくても注意は必要！

無施錠住宅への侵入 殺人事件の例

自転車で徘徊して、無施錠の窓をチェックしていた

男が無施錠の窓や玄関から複数の女性宅に侵入。4人の女性を縛り強姦したうえで金品を盗み、最後に侵入した家では女性を殺害（2007年 埼玉県川口市 女性会社員殺害事件）

ストーカーが無施錠の窓から侵入

ストーカーの男が女子高生宅の隣家屋根上に潜伏。犯行の機会をうかがい、無施錠の窓から侵入してクローゼットに潜伏。被害者は帰宅後にストーカーに首を刺され、搬送先の病院で死亡（2013年 東京都三鷹市 女子高生ストーカー殺人事件）

無施錠の玄関から男が侵入

男は、物色する際に室内で見つけた包丁を持ち歩き、「部屋にいた女性に気づかれたので刺した」と供述。事件の数時間後に訪れた友人が、布団の上から刃物で刺された女性が死亡しているのに気づき119番した（2012年 千葉県浦安市 看護師殺害事件）

あらかじめ無施錠か確認して強姦殺人

女性に性的暴行を加えたうえで首を絞めるなどして殺害し、金品を奪って、遺体を栃木県の別荘地に埋めた。男は「事件前日、女性の家が無施錠だと確認した」などと供述しており、警視庁は襲う相手を探していたとみている（2020年 東京都豊島区 女性遺棄事件）

男性でも「無施錠」は厳禁です。ひとり暮らしの先輩のなかには、「何もないだろうと思って無施錠で寝たら、女の人が俺の寝顔を見つめていた……」という怖い経験をした男性もいました。

また、住宅侵入盗の3割近くが、在宅中にもかかわらず家に入り込んでいます。住人と鉢合わせてしまった泥棒がパニックに陥り、凶器を使う可能性もあります。

もし在宅中に侵入されたら、決して自分で解決しようはせず、できるだけ早く外に出て警察（110番）に通報しましょう。在宅中でもスマホを持ち歩く習慣をつけておくと安心です。

 先輩たちからひと言　朝、ベッド脇のカーテンを開けたら、窓ガラスに顔と手をベタッとつけた男がいた（1階）

玄関ドアを開けるその前に

宅配物は直接受けとらない

　宅配便やフードデリバリーの配達員を装った人が家に押し入る強盗・強姦事件が、過去に何度も発生しています。対策として、フードデリバリーシステムで注文をする際に、偽名として男性の名前を使う女性も増えています。

　ただ、男性宅でも同様の事件が起きているため、性別にかかわらず注意が必要です。宅配物はできるかぎり、自宅以外の場所で受け

宅配物の安全な受けとり方

■ 自宅以外で受けとる　一番安全!

宅配便の営業所、駅や街中のロッカー、コンビニなどで、日時を指定して受けとる。高価なものが届く場合は、この方法がおすすめ

■ 宅配ボックスを使う

不在時、自宅まで届けてほしい場合は宅配ボックスも利用可能。ただし盗難リスクがあるため要注意

■ 非対面で受けとる

在宅中に宅配便が届いても、ドアを開けない。インターホン越しに送り主と宛先を聞き、玄関前に置いてもらう

！ フードデリバリーも対面で受けとらない！

玄関先に商品を置いてもらい、配達員が去ってからドアを開ける。近くに不審者が潜んでいる可能性もあるため、できるだけドアガードやドアチェーンをしたまま商品を取る

玄関周りではここにも注意！

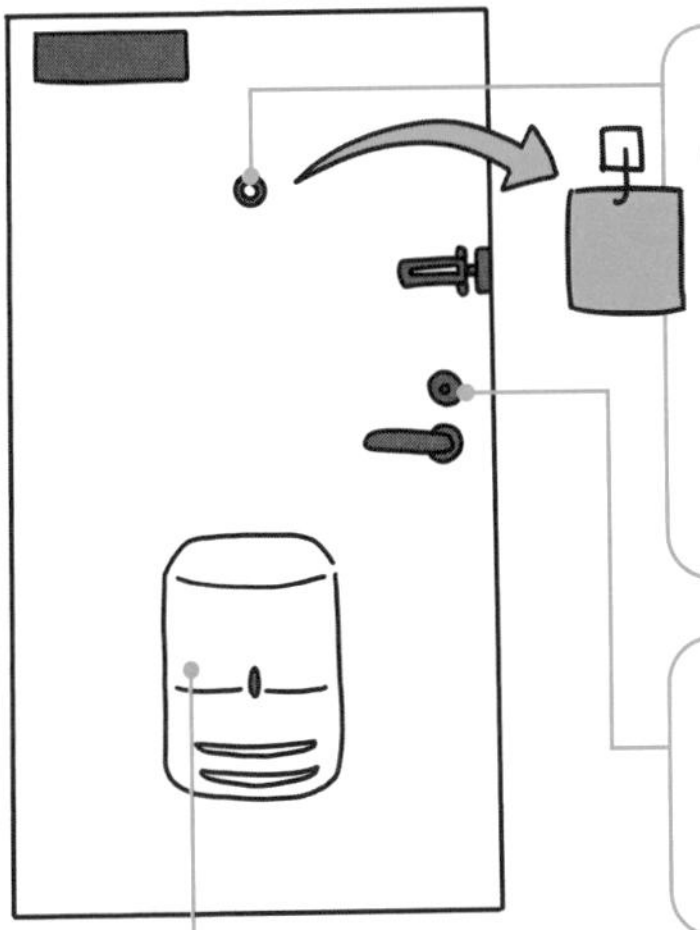

ドアスコープを隠す

- ○大家さんのOKが出れば、外から外せないものに取り替える。フタつきか、外から覗かれないレンズを使用したタイプを選ぼう（1000円程度で買える）
- ○カバーをつける（100均やホームセンターで買える）
- ○ドアにフックを貼り付け、カレンダーなどでふさぐ

カギ穴カバーをつける

- ○「サムターン回し」防止カバーをつける
- ○メインのカギのほかに補助のカギをつける

ドアポストをふさぐ

- ○とりいそぎ、ガムテープや養生テープでふさぐ
- ○ドアポストをふさぐグッズや目隠しカバーをつける。賃貸住宅の場合は、穴開け不要のものを選ぼう

その他

玄関のドアを開けたときに部屋が丸見えにならないように、のれんなどをつけておく

とるようにしましょう。**日時を指定して、宅配便の営業所などで受けとるのがもっとも安全です。**

自宅で受けとりたい場合は、ドアガードやドアチェーン越しに対応するか、玄関のドアを開けずにインターホン越しの会話で荷物を確認するのがおすすめです。また、玄関から部屋のなかが見えないように、のれんなどをかけておくことも大切です。

なお**宅配ボックスは、盗難にあうリスクがあります。**郵便ポストに手を入れ、粘着テープなどで不在票を取り出し、宅配ボックスから商品を盗むという手口です。頻繁な利用は避けましょう。

先輩たちからひと言　お隣さんが「間違えてチェーンかけちゃった」と言って部屋に入ってこようとした

水道やガスが急に止まったら

屋外で待機していた強盗に襲われることも

急に水やガスが出なくなり、元栓を確認するために外に出たら暴漢や強盗に襲われた、という事件が起きています。

水道やガスが止まったら、まずは家のなかで機器の故障がないか確認しましょう。何も見つからなかった場合は、元栓が閉められている可能性があります。ストーカーや嫌がらせなどの心当たりがある人は、警察に通報しましょう。

元栓を確認しに行かない

暴漢や強盗が元栓を閉めて、
あなたが元栓を確認するために外に出てくるのを
待っている可能性がある。すぐに出ないこと

外に出ず、5つのポイントを確認

1 直前に大きな地震はなかったか

2 自分が住んでいる地区や建物内で断水の連絡はなかったか

→ 地震・断水があった → 復旧を待つ

3 水道代やガス代を滞納していないか

→ 滞納していた → 督促状に書いてある納付先に連絡し、滞納金を全額納付して開栓を待つ

4 ガス機器を長時間・連続で使用したことにより安全装置が作動していないか

→ 作動していた → 説明書を読み安全装置を解除する

5 ガス機器に故障表示が出ていないか

→ 故障が見つかった → ガス会社や水道会社に連絡する。集合住宅の場合は管理会社に報告し、修理業者を紹介してもらう

　また、故障が見つかり修理を依頼するときにも注意が必要です。賃貸物件の場合、管理会社が修繕業者に業務委託をしている可能性があります。管理会社と連絡が取れる時間帯であれば、**早めに管理会社へ連絡しましょう。**

　自費で出張修理サービスを頼むときは、作業内容や費用などを複数比較してから依頼するのがおすすめです。出張修理サービスはトラブルになりやすく、クーリング・オフができないケースもあります。まずは落ち着いて「業者名　トラブル」などでかならず検索し、高額請求をされないよう慎重に選びましょう。

先輩たちからひと言　コンロがつかなくなったと思ったら単なる電池切れだった。単一電池を常備しておこう

家庭のごみは個人情報のかたまり

郵便物や下着は裁断して捨てる

名前や連絡先が記載されているものをそのままごみとして出すと、悪用されるおそれがあります。**郵便物や公共料金の利用明細は、シュレッダーにかけたり、やぶったり、黒く塗りつぶしたり、最低でもごみ袋の外から見えないようにしてから捨てましょう。**個人情報を隠すスタンプなどの便利グッズを活用するのもおすすめです。

資源ごみとして段ボールを捨て

Check!

- ☑ ごみ袋の外から、名前や電話番号が見えていないか
- ☑ ごみ袋の外から、下着やプライベートなごみが見えていないか
- ☑ 宅配物の伝票をはがしたか

! パソコンやスマホを処分するときも、かならずデータを消去してから!

電源が入るなら、初期化すればOK。電源が入らないときは、データ消去について明記している専門業者に依頼しよう

プライベートな情報が含まれるごみ

衣類や下着
持ち去られる可能性がある。ごみ収集日の朝、明るく人通りが多い時間に出す

郵便物や利用明細
封筒やハガキ、クレジットカードや公共料金の利用明細など

レシート
いつどこで何を購入したかがわかる。うっかり落としたレシートを拾われることも

宅配便の伝票
段ボールや梱包材に貼りつけられたもの。はがせない場合はマーカーなどで塗りつぶす

るときは、宅配便の伝票をかならずはがしてください。伝票には、自分の住所や名前のほか、家族や友人など、送り主の個人情報も記載されています。

また、レシートを捨てる際にも注意が必要です。レシートをもとに、よく行く店や生活パターンを把握される可能性があります。やぶってごみ袋の外側から見えないようにしてから捨てましょう。

個人情報のほかにも、衣類や下着などをごみに出すときは、細心の注意が必要です。悪用を防ぐため、切って捨てる、生ごみと混ぜて捨てるなど、ひと工夫しておくと安心です。

先輩たちからひと言 夜中に出しっぱなしになるのが嫌なので、なるべく朝にごみ出しをするようにしている

エレベーターは密室と心得る

「なんかちょっと怪しい」と感じる人が乗ってきたら？

- 電話がかかってきたフリをして降りる
- 危険を感じた場合、
すべての階のボタンを押し、
ドアが開いたらすぐに逃げる

その人が同じ階で降りたら？

- 絶対に自分の部屋のカギを開けない
- 人気のない非常階段や
踊り場へ行かない
- 危険を感じたらほかの部屋の
インターホンを押して大声を出す

！「相手に失礼では？」と思わない

悪意のない人がほとんどだが、何かあってからでは遅い。
相手への気遣いより、自分の危機感を優先しよう

防犯カメラがあっても犯罪が起きている

エレベーターは、人目につきにくい密閉空間。防犯カメラがついていても、犯罪が起きた瞬間に誰かが助けにきてくれるわけではありません。

実際、エレベーター内で不審者に乱暴をされたり、扉が閉まる瞬間に財布をひったくられたりする事件が起きています。

雑居ビルや自宅マンションでエレベーターに乗るときは、事前に周

エレベーター内で気をつけること

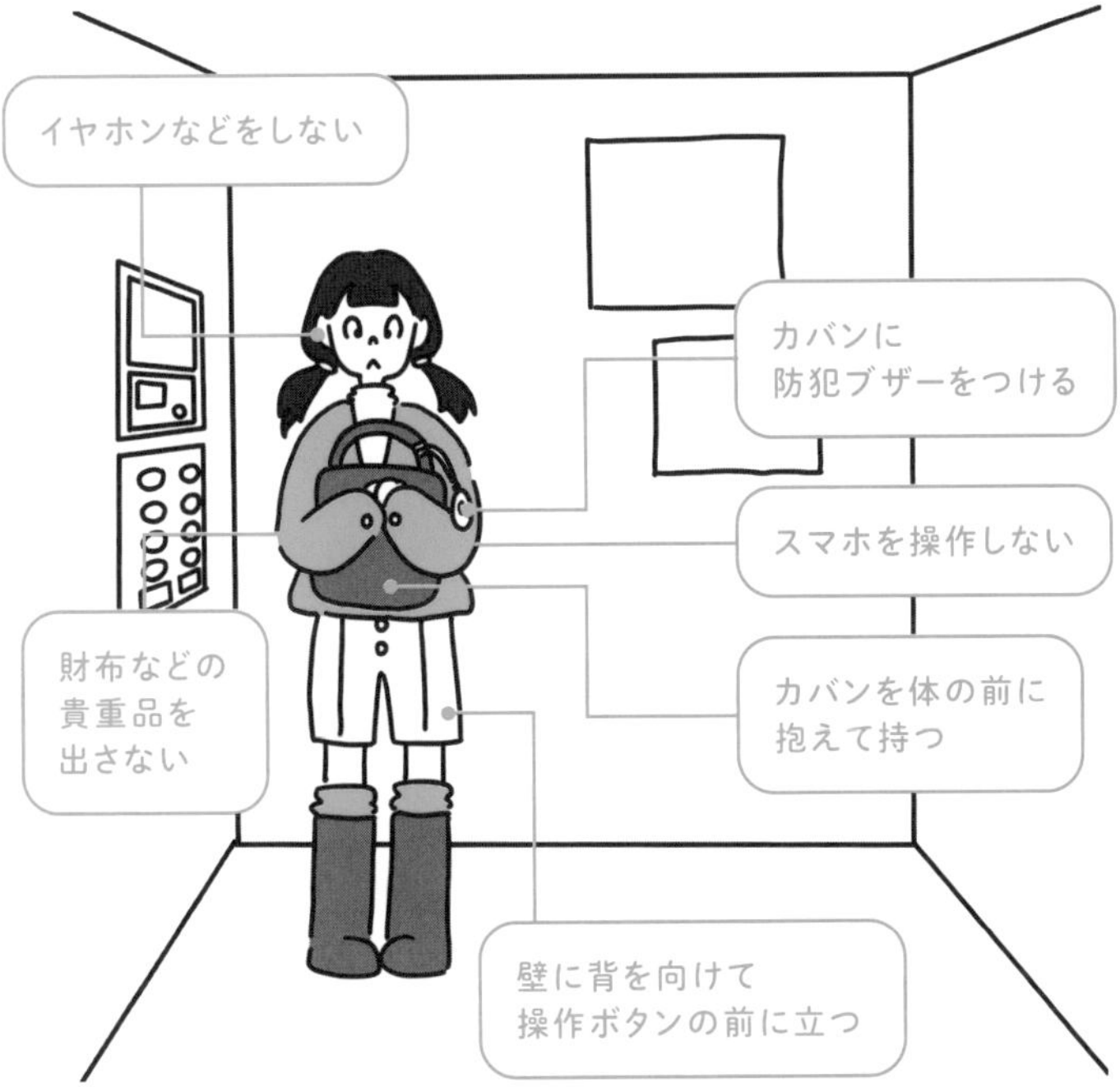
イヤホンなどをしない
カバンに
防犯ブザーをつける
スマホを操作しない
財布などの
貴重品を
出さない
カバンを体の前に
抱えて持つ
壁に背を向けて
操作ボタンの前に立つ

りを確認しましょう。不審者がいないか、死角も含めて見回しておくと安心です。

また、**ひとりで乗るときはドアが完全に閉まってから階数ボタンを押すのがおすすめです。**後から急いで乗ってきた人に、自分の居住階を知られないようにするためです。

女性の場合、見知らぬ男性とふたりきりでエレベーターに乗ることもあります。相手に悪意はないことがほとんどですが、何かあってからでは遅いのです。警戒心を持つに越したことはありません。「お先にどうぞ」とひと言添えて、自分は乗るのを見送り、なるべく他人と同乗しないようにしましょう。

先輩たちからひと言 ドアが閉まる直前に駆け込んできた男に後ろから抱きつかれた。思い出したくもない

夜道の「ながら歩き」をしない

スマホから目を離し
イヤホンは外す

不審者が潜みやすい場所

- 灯りが少ない住宅街の曲がり角
- 停めてある車のなかや陰
- 公園
- 敷地内の死角や階段部分

大声を出す
練習をしておこう

スマホを操作しながら歩いたり、イヤホンで音楽を聞いたりしながら歩いていると、背後から不審者が近寄ってきても気づけません。

夜道では絶対にやめましょう。

「電話をしながら歩くと安心」とも言われますが、これは間違い。不審者に襲われたとき、通話相手がすぐに駆けつけられるわけではありません（いつでも通報できるようにスマホを手に持っておくのはOKです）。

防犯ブザーは“投げる”

ほとんどの人は、とっさのときに体が硬直して大声を出すことができない。そんなときのために、防犯ブザーを常備しよう。音を鳴らしたら、逃げる方向の逆、または不審者のほうに投げること。不審者がブザーの音に気をとられている間にダッシュで逃げよう

◯ブザーを買ったら家で音を出す練習をしておく

◯目立つところにつける、夜道では手に持って歩く

◯音を鳴らしたブザーは、逃げる方向の逆、または不審者のほうに投げる

※災害時など、閉じ込められて自力で脱出するのが難しいときや、大声を出せないときにも防犯ブザーは役立つ

夜道を歩くときはキビキビと早歩きで、周囲にも意識を広げること。防犯ブザーを持ち、「不審者がいたらすぐに通報する！」と気を引き締め、背後を定期的に確認しながら歩きましょう。**不審者に気づいたら、自宅に駆け込まず、かならず人がいる場所へ行くこと。**コンビニなど、駆け込める場所を覚えておくと、いざというときに役立ちます。

　犯罪は、日常と隣り合わせの身近な場所に潜んでいます。大切なのは「自分だけは大丈夫」と思わないこと。ある日突然、自分が被害者になるかもしれないということを、心にとめておきましょう。

 先輩たちからひと言　自宅近くで露出狂の被害にあった。怖くてタクシー帰宅＆引っ越しで大金が飛んだ

写真や動画をSNSにアップする前に

写真1枚で住所が特定できる

近年、SNSに投稿した写真がきっかけで住所を特定され、ストーカーや窃盗の被害にあうという事件が複数発生しています。

個人情報や在宅時間を他人に知られないよう、自宅・勤務先・学校など、身近な場所が映り込んだ写真の投稿は控えましょう。自宅の窓から見える景色だけでも、簡単に住所は特定できます。

特に、朝焼けや夕焼け、雲や虹

アップする前にまず加工

- マンホール、電柱、看板
- 車のナンバープレート
- 制服
- 宅配便の送り状、郵便物
- レシート、ショップバッグ

過去には、女性の顔写真の瞳に映っていた景色から自宅の最寄り駅を特定し、自宅に押しかけてわいせつ行為をしようとした事件もあった。住所や名前が特定される可能性のある写真の投稿には、十分注意しよう

！ SNSに投稿するときの注意点

◯SNSの公開範囲を限定する

◯リアルタイムで投稿しない

◯ブランドものなど
高価なものの写真を載せない

◯個人情報を特定できる
写真をアップしない

例

- 自宅や自宅付近で撮った写真
- 勤務先や学校など、身近な場所で撮った写真
- 駅やカフェなど、よく行く場所で撮った写真

！ アカウントを特定するこんな手口も

道ばたに変なものが落ちていたら、写真を撮ってSNSにアップしたくなる……けど、ちょっと待って。写真を撮ったあなたのアカウントを特定するための罠かもしれない。あなたが写真を撮った後に「○○が落ちてた」などのワードで検索すれば、写真が合致するアカウントを簡単に探すことができる。くれぐれもリアルタイムでアップしないこと

などのめずらしい気象状況の写真には注意が必要です。これらの写真はリアルタイムで投稿されるケースが多く、居場所の特定につながりやすいと言われています。

過去には、旅行や出張の間に現地の写真をアップしたら、留守であることがバレて空き巣に入られた、という事件もありました。

また、**友人や恋人のタグづけにも注意しましょう**。よかれと思って投稿した写真がトラブルにつながることもあります。投稿する前に、「載せても大丈夫？」と相手に確認しましょう。ひと言聞くことで「気遣いができる人だな」と安心してもらえますよ。

先輩たちからひと言　入社前にSNSをチェックする会社もある。情報漏洩に甘いと減点対象になるよ

COLUMN 6

「女性のひとり暮らし」は特に注意

カーテンは遮光性カーテン+ミラーレースカーテンの2重づりで

日中は室内が見えにくいミラーレースカーテン、夜は外から部屋のシルエットが透けない厚手の遮光性のカーテンを使おう。かわいらしい色や柄だと「女性が住んでいる」と思われるので、外から見ても柄や色が透けないものを選ぶか、シンプルで地味なデザインにする

窓辺に「かわいらしいもの」を置かない

外から見える場所に「女性のひとり暮らし」だとわかるものを置かない

なるべくベランダに洗濯ものを干さない

「男性用の服を一緒に干す」という防犯対策が有名だが、残念ながら大きな効果は期待できない。下着泥棒は、男性用の服が干してあっても構わず女性用を盗む。できるだけ部屋干しをしよう

部屋干しするなら

◯乾燥機つきの洗濯機を使う
縦型・ドラム式ともに、1回あたりの電気代は50円程度

◯浴室乾燥を使う
1時間あたりの電気代は30〜50円程度

◯衣類乾燥除湿機を使う
1時間あたりの電気代は20円程度

◯エアコンの風で乾かす
部屋の温度や湿度によって電気代が変わる。冷房より除湿のほうが早く乾く

※扇風機やサーキュレーターだけだと、水分の逃げ場がないから、なかなか乾かない

表札を出さない

フルネームは絶対に避けること。ひとり暮らしだと思われないよう、ふたり分の苗字を併記しておくという手もある

玄関から部屋の内部が見えないようにする

玄関と部屋の間にドアがある場合を除き、かならずのれんなどで目隠しを

ドアチェーンをかけたまま対応する

玄関チャイムが鳴ってもすぐにドアを開けず、インターホン越し、あるいはドアチェーンやドアガード越しに対応する

フードデリバリーの登録者名を男性名にしておく

男性名にしたうえで、対面で受け渡しをしない(置き配にする)などの対応が必要。住所・名前・顔のすべてが一致するような事態は避ける

近所のコンビニでの買いものに注意

住所と氏名が書かれた公共料金の支払い書はなるべく人目に触れないほうがよい。コンビニ払いは避け、クレジットカード払いや口座引き落としにしておこう。また、コンビニで頻繁にアイスを買っていたら「アイスが溶けない距離=家が近い」ことがバレて不審者につけられたというケースも

都心の場合はなるべく引っ越しの挨拶をしない

女性ひとりで近隣に挨拶に行き、「必要以上に個人情報を聞かれた」「好意を持たれストーカー被害にあった」という人もいた。ただ、郊外の場合は、近隣への挨拶が後々の助け合いにつながることもある。まずは周囲にどんな人が住んでいるのか、挨拶をするべきか、大家さんや管理人さん、不動産会社に聞いてみよう

外出時に音を立てない

生活音をもとに行動パターンを把握され、マンション内で待ち伏せをされたり、ドアを開けたタイミングを見計らって隣人が出てきて、必要以上に話しかけられたりすることがある

! こんな音に注意

○ドアチャイムやドアベル
○カギやカバンにつけているチャーム(特に鈴)
○ハイヒールの靴音
○ドアの開閉音

時間差で部屋の電気をつける

照明器具にタイマーがついている場合は、帰宅するより早い時間に灯りがつくよう設定しておこう。帰宅時に部屋を特定されるリスクを減らすことができる

第6章

人間関係

人間関係のトラブルで自分をすり減らさないために

学校・勤務先・ご近所・
友達・恋人
私たちの周りには
さまざまな人間関係があります。

相手に合わせているうちに
心と体が疲れてしまわないように。

自分を守る術を
身につけておきましょう。

NOと言う練習をしておく

我慢しすぎて　つらくなる前に

断るための　マイルール（基準）をつくる

「行かなければよかった」「やらなければよかった」を日々繰り返していると、知らず知らずの間にストレスがたまってしまう。自分だけのルールを決め、嫌だと感じたときは断れるようにしておこう

例

- 友達以外との飲み会には行かない
- 夜○時以降はアルバイトや仕事をしない
- メッセージの返信は夜○時まで
- ○曜日はひとりでゆっくり過ごす

ポイント

- 相手の顔色を気にしない
- 断る相手にはルールを言わない
- ルールは自分の心のなかに大切にしまっておく

↓

他人の目線に合わせていると疲れてしまうので、自分の気持ちを軸にして考えてみよう！

断るのが苦手な人は、「相手に悪いから」「相手に嫌われたくないから」と、自分が我慢してやりすごしてしまうことが少なくありません。反射的にＹＥＳと言ってしまっている可能性もあるので、**まずは「少し考える時間をください」「あとからお返事します」など、返事を保留するようにしてみましょう。**

それができるようになったら、

断れる人になるための練習法

**親しい友達など、信頼できる人に協力してもらい、
断る練習をする。いわゆる「やらせ」でOK**

ジュース買ってきて
今は無理
じゃあ、いいよ
頼まれごとは
断っても大丈夫

次は「断るためのマイルール」を準備します。たとえば、「大勢が参加する飲み会は疲れるから断る」「金曜日の夜はひとりでゆっくり過ごす」「週末は体調を整えるために休む」など。自分の気持ちを優先するためのマイルールがあると、なんとなくＹＥＳと言ってしまうのを防ぐことができます。

信頼できる人に協力してもらって、ＮＯと言う練習をするのも効果的です。大切なのは、練習を通して「断っても大丈夫」という新しい価値観を身につけること。価値観の小さな芽を育てていけば、やがて大きな頼まれごともスムーズに断れるようになりますよ。

先輩たちからひと言　世の中には思いのほか話が通じない人が多い。断ってもグイグイくるやつはブロック

バグが生じやすい相手を知っておく

「疲れる友達」とは距離をおこう

バグが生じやすい関係

相手のいいところと悪いところを書き出したとき、
ちょうど同じくらいの量

いいところ
悪いところ

いいところもあるから
バグっちゃう

人間関係のなかには、付き合っているだけで疲れてしまう「バグが生じやすい」と言われている関係があります。

相手のいいところと悪いところを書き出したとき、その量がちょうど同じだと、どのように付き合えばいいのかわからなくなり、バグが起きてしまうのです。

お互いを引き寄せ合うように、バグが生じやすい相手と出会うこ

もしも友人関係に疲れたら

1 自分の気持ちを書き出してみる

**友達の長所や短所、気になる行動、
嫌だったことなどを、すべて書き出す**

2 「たまたま相性が悪い人に出会っちゃった」と考える

**相手が悪いのでもなく、
自分が悪いわけでもない。
ただ相性が悪いだけ**

3 少しずつ距離を置いてみる

**頻繁にメッセージの
やりとりがあるなら、
徐々に回数を減らしていく**

4 離れてみてラクになったら、「付き合わなくてよかった人」

**自分に「おつかれさま」と言って、
心身の疲れを癒やそう**

ともあります。そのときはあまり深く考えず、「たまたま相性が悪い人に出会っちゃったな」と思うようにしましょう。

友達が「バグが生じやすい相手」だったときは、少しずつ距離をおくのがおすすめです。

たとえば「いい店を見つけたから一緒に行こう」と誘われたら、明るく「行こう！」と答えずに「うん、そうだね」と少し距離を置いて返事をします。

離れてみて自分がラクになったら、その友達は「付き合わなくてよかった人」です。頻繁にやりとりがある場合は、やりとりの回数を徐々に減らしていきましょう。

 先輩たちからひと言 すべての人と仲良くできるはずはないので、人間関係の断捨離も必要だと思う

友達が弱っていたらそっと見守る

その「アドバイス」「正論」本当に必要？

友達が弱っているとき、どんな言葉をかけていますか？

「やり方が悪かったんじゃない？」と、相手の行動を否定したり、「考えすぎじゃない？」と相手の感情を軽視するようなことを言うと、トラブルに発展することもあります。

人は心が弱っているとき、同時に気力も失っています。そんなときに正論をぶつけても、相手の心には響きません。それどころか、

いらないアドバイスの例

- 余計なお世話&勝手な善意
  「○○のためを思って」
- マウンティング
  「自分はそういう目にあったことないなぁ」
- 会話泥棒
  「自分はもっと大変で」
- 相手の感情の軽視
  「考えすぎじゃない？」
- 説教&行動の否定
  「○○も悪かったんじゃない？」
- レッテル貼り
  「○○ってそういうとこあるよね」
- 同情
  「かわいそう……」
- 不要な励まし
  「やればできるって！」

自分が弱っていて、友達に話を聞いてもらいたいときは

ただ話を聞いてもらいたいのか、アドバイスが欲しいのか、どんな言葉が欲しいのかを先に伝えよう

ただ話を聞いて共感してほしいだけなんだけど
ただの愚痴だから、申し訳ないけど、アドバイスなしで聞いて
客観的に見て、いま自分がするべきことが何か相談したいんだけど
自分の何が悪かったか、やさしい言葉で指摘してほしいんだけど

「やっぱり自分が悪い」「自分はダメだ」と相手が思い詰めてしまったり、「そんなことを言うなんて」「何もわかってないくせに」と関係が悪化したりすることもあります。

弱っている友達の力になりたいときは、傷に直接触れず、そっと見守りましょう。自分を責める気持ちは、とてもデリケート、かつ「かたくな」です。

「相談に乗ってほしい」「アドバイスが欲しい」と言われても、**まずは相手の話をゆっくりと聞くこと。相手の気持ちを最大限尊重すること。**アドバイスをするのであれば、相手の心が元気になってからにしましょう。

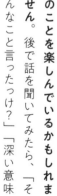

嫌な相手のことを考えない

他人の気持ちはコントロールできない

好意の1:2:7の法則

どんなグループに所属しても、

・2割は私のことが好き
・7割はどちらでもない
・1割は私のことが嫌い

という構成になる

○どれだけ努力を重ねても、1割の人には嫌われてしまう。「私のことが嫌いな人」を気にしてストレスをためるのではなく、「一部の人から嫌われるのは当たり前」と開き直ることが大事

○「グループのなかには絶対自分の味方もいる」と思って生活すると、気持ちがラクになる。「私のことが好きな2割の人」を大切にしよう

友達や上司の心ない言葉や、SNSに書き込まれた悪口が気になって、数日間、モヤモヤした気持ちを引きずってしまった……。そんな経験を、誰しも一度はしたことがあるのではないでしょうか。

　でも、**その言葉を発した相手は、自分の発言をすっかり忘れて、別のことを楽しんでいるかもしれません。**後で話を聞いてみたら、「そんなこと言ったっけ？」「深い意味

SNSのコメントが気になるときは

普段使うSNSを2つ以下にしぼる

**あまり使わないSNSはスマホから削除し、
パソコンを起動したときだけ見る**

SNSを見る時間を決める

**「電車に乗っている間は読書をする」
などルーティーンを決める**

フォロワーとリアルで会う

**たくさん「いいね」をもらうより、
直接会って褒められたほうが
印象に残る**

自分は自分、相手は相手。
境界線をしっかり引こう
自分
相手

はなかったんだけど」と返されることも多々あるようです。

たとえば、自分と同じクラスや職場にいるAさんが、あなたを嫌っているように感じたとします。あなたは「できれば嫌わないでほしい」と思うかもしれません。しかしあなたを「好き」と思うか「嫌い」と思うかは、Aさんの自由です。つまり、あなたにはコントロールができないということです。

寝ても覚めても、嫌な相手のことを考える必要はありません。自分を大事にしてくれない人のために時間を割くのではなく、**自分を大切に想ってくれる人のために時間を使いましょう。**

 先輩たちからひと言　夜に嫌なことを考え始めると最悪の展開になるので、やらないようにしている

対等な関係を築けない人は要注意

Check!

ひとつでも当てはまったら、
相手との関係を見直し、早めに離れましょう

- ☑「バカ」「デブ」など、傷つく言葉で呼ばれる
- ☑ 友達や家族の予定を優先すると、不機嫌になり無視される
- ☑ いつも一緒にいるよう要求される
- ☑ スマホの着信履歴やメッセージを無断でチェックされる

傷つけた後に
優しくなる人は
特に危険

人を傷つける発言は暴力行為になる

「相手を精神的に追い詰めて自分に従わせようとする」「自分は悪くないと言い張って相手を責める」「不機嫌な態度で相手をコントロールしようとする」。これらの行為は、脅迫や暴力の一種です。冗談のつもりでも、相手が傷ついているケースは多々あります。

　付き合っているからと言って、相手を束縛し、自由を奪っていいわけではありません。自分にも相

- ☑ 持ちものを壊されたり捨てられたりする
- ☑ 気分じゃないのに
性的な行為を求められる
- ☑ 避妊を受け入れてもらえない
- ☑ いつもおごらされる
- ☑ 思い通りにならないときに、
どなられたり責められたりする

「デートDV」
「モラハラ」
で検索しよう

手にもそれぞれ生活があり、プライバシーもあります。相手のプライベートな領域に入り込み、一方的に人間関係を制限しようとする人がいたら、**早急に距離をおきましょう**。

特に、セックスはふたりの明確な合意のもとにするものです。コンドームをつけなかったせいで妊娠し、中絶することになれば、女性の心と体には大きな負担が残ります。

また、どんな状況でも男性がお金を払うべき、というのは価値観の一方的な押しつけに過ぎません。お互いに思いやりを持って接することができる、対等な関係を築きましょう。

COLUMN 7

「性的同意」を知っておこう

自分の「当たり前」は相手の「当たり前」じゃない

キスをしたんだから
セックスするでしょ

部屋に行ったら
セックスOKでしょ

下ネタに
のってきたんだから
触っていいでしょ

付き合ってるんだから
セックスは当たり前

酔ってたんだから
しょうがない

嫌だって
言わなかったんだから
いいじゃん

こうという思い込みは
絶対NG!

しっかりと言葉で相手の意思確認をするのが
「性的同意」です

同意のない
性的言動は性暴力!
性的な言葉がけも
ダメだよ
「スキンシップや
ジョークだった」は
通用しないよ

本当に相手は「したい」のか

性的同意とは、性的な行為を積極的にしたいと思うかどうか、相手の意思を確認すること。たとえ身体的な反応があったとしても、相手の気持ちは相手にしかわかりません。言葉では表現していなくても、心のなかで傷ついていたり、モヤモヤした気持ちを感じていたりする可能性もあります。性的な行為の前には、かならず相手の意思を確認しましょう。

POINT

途中で気が変わることもあるので、一度相手が同意したとしても「大丈夫?」など継続的に言葉で同意を確認する

相手との立場は対等か

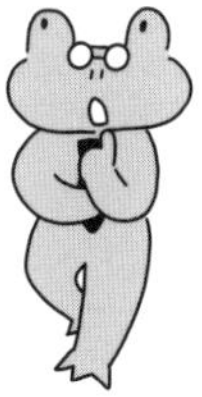

- ☑ 仕事を発注する側とされる側
- ☑ 上司と部下
- ☑ 教える側と教わる側
- ☑ 先輩と後輩
- ☑ 経済面で頼られている側と頼っている側

などは対等な立場とは言えません。下の人がNOと言えない力関係のときは、上の人が十分に配慮する必要があります。

POINT

○「嫌だったら嫌って言って」とやさしく伝え、相手に気持ちがないときにNOと言えるようにする

○断られても相手を責めない

相手は自分で判断できる状態か

相手が酔っているときや寝ているとき、意識がはっきりしないとき、怖くてNOが言えないような状況では合意は成立しません。

もし「性的同意」がないまま、自分が「イヤだ」と感じることをされたら

内閣府が運営している「Curetime」や「DV相談+」では匿名で相談を受け付けています(どちらも10ヶ国語に対応)。

被害にあっても、決して自分を責めないで!
NOと言えなかった人が悪いわけではない

相手の同意なく
こっそりコンドームを
外すことも性暴力です

性暴力に関するSNS相談

Curetime(キュアタイム)

年齢・性別・セクシュアリティを問わず、匿名で相談を受け付けている。相談内容が漏れることはない。「これって普通なの?」と思うこと、嫌だったこと、困っていること、モヤモヤしていることなど、なんでも相談できる

暴力に関する相談

DV相談+(プラス)

パートナーから受けているさまざまな暴力(DV)について、専門の相談員が一緒に考えてくれる。「これってDVかな?」「暴力を振るわれている」「今すぐパートナーから逃げたいけどどうしたらいいの?」など、いつでも相談を

セックスを断るのは、人としての大事な権利

「今はしたくない」「そういう気分じゃない」「まだ心の準備ができない」「自分の気持ちがよくわからない」というときは、無理をせず、自分の気持ちを相手に伝えましょう。言葉にするのが難しい場合は、首を横に振ったり、その場から離れたりするという手段もあります。

もし、相手が聞く耳を持たなかったり、セックスを拒否したことを責めたり、不機嫌な態度をとったりした場合は、注意が必要です。パートナーと対等な関係を築けていないのかもしれません。

◯セックスを断る
◯途中でやめる
◯コンドームをつけてもらう

これらはあなたの権利です

恋人であっても、嫌だと思うときは性行為に応じる義務はありません。

性暴力は、いかなる理由であっても、どんな間柄であっても、許される行為ではありません。「相談するほどのことではない」「自分にも悪いところがある」「自分さえ我慢すればいい」と考えず、SOSを出しましょう。

もし友達がパートナーとの関係に悩んでいたら

身近な友達が、性的同意がないまま性的な行為を強要されてショックを受けていたら、「あなたは悪くない」と繰り返し伝えましょう。

どんな話をされても、否定したり、疑ったり、無理に聞き出したりせず、丁寧に話を聞くことが大切です。

「そんなに待たせたら、相手がかわいそうだよ」

「ちゃんと受け入れないと、浮気されるよ」

「パートナーの部屋へ行ったら、セックスするのは当たり前でしょ」

と、相手をあおったり傷つけたりするような発言は避けましょう。

第7章

メンタルケア

自分を責めそうになったらゆっくり休もう

すぐ不安になる。
人と比べて落ち込む。
消えてしまいたいと思う。

そう感じたときは自分が思っている
以上に心と体が疲れています。

勉強も仕事も休んで
心と体をいたわりましょう。

困ったときは人に頼ってみる

Check!

こんな人は「人に頼るのが苦手なタイプ」

- ☑ 気を遣いすぎてしまう
- ☑ 真面目で几帳面
- ☑ なんでも頑張る努力家
- ☑ 責任感が強い
- ☑ 周囲からの評価が気になる
- ☑ 自分にも他人にも厳しい
- ☑ 愚痴を言うのが苦手
- ☑ プライドが高い
- ☑ 人を信用できない

そもそも日本人は相談が苦手

アメリカの小学校にはスクールカウンセラーがいて、全生徒と定期的に面接を行うことで、相談しやすい環境をつくっています。しかし日本の学校の多くは、自分で相談室へ行かなければカウンセラーに相談ができません。その結果、**大人になっても相談することに高いハードルを感じる人が多い**と言われています。

自立とは、「なんでも自分で解

頭を切り替えよう

なんでもひとりでやらなきゃいけない	何もかもひとりでできる人はいない
できないのは努力が足りないせい	努力してもできないこともある
人に頼ると迷惑がかかる	人に頼られるのは嬉しいもの
相談したって何も解決しない	話すことでストレスが減るかもしれない

相談の目的は「解決」だけではない

◯ひとりじゃないと感じるために

◯ガス抜き効果を得るために

◯話すことで自分の状況を整理するために

◯自分では気づかなかった対処法に気づくために

誰かの手を借りていいんだよ

決できる完璧な人になること」ではなく、「頼れる先を増やすこと」です。**悩みを誰かに話すだけで、ストレスが減ることもあります。**

困ったときには、誰かに相談してみましょう。たとえば、学校や会社に行くのがつらいとき、いきなり親や上司に「辞めたい」と言うのではなく、まずは「こういうときにつらいと感じる」と話してみるイメージです。「言われるまで気づかなかった。申し訳ない」とすぐに状況を改善してもらえることもあります。

親や上司が信頼できない、引き留められたら面倒、と思ったときは、無料の相談窓口を使うのもおすすめです。

先輩たちからひと言　体調を崩してしまったとき、メール１本で駆けつけてくれる友人知人に救われた

SOSを出せる人になろう

普段から心がけておこう

■ 信頼できる相手を見つける

思いやりがあり、精神的に余裕のある人がおすすめ。「見返りを求める人」「“聞いてあげた感”をアピールしてくる人」「罪悪感を植え付けようとする人」は避けよう

■ 小さな頼みごと・相談をしてみる

「AとB、どっちを買おうか悩んでいる」など、まずはちょっとした悩みについて、相談してみよう。本当に困ったとき、誰に相談すればいいかがわかるようになる

不安の無限ループから一刻も早く抜け出そう

長いあいだ悩みを抱えていると、「どうしよう、どうしよう」と不安の無限ループに入ってしまうこともありますよね。

そんなときこそ、行動を起こすことが大切です。**まずは相談できる相手を探すことから始めましょう。**「きっと助けてくれるはず」と考えると、自然に前向きな気持ちになれますよ。

たとえば道に迷ったとき、黙っ

信頼できない相手とは

- ◯金銭や身体的な接触を目当てに話を聞こうとする人
- ◯宗教やネットワークビジネスの話を持ちかけてくる人
- ◯「話を聞いてあげたこと」をことさらアピールし、見返りを求めてくる人
- ◯マウントをとって、過剰に「ありがとう」と「ごめんね」を言わせようとする人
- ◯「せっかく時間を割いてあげたんだから」と、恩着せがましい言葉を言う人
- ◯悩んでいる＝弱っていると考え、弱みにつけこんでくる人

人に頼るときのポイント

早めに相談する

時間に余裕がないと、相手の負担感が増してしまう。問題が大きくなる前に、早めに相談しよう

相談方法を工夫する

「なぜあなたに相談したのか」という理由を伝える。「〇〇さんは××に詳しいと聞いたので」などと伝え、信頼感を示す

謝るより感謝

「迷惑をかけてすみません」と謝ると、相手が必要以上に責任を感じてしまうケースがある。謝るより感謝の気持ちを伝えよう

結果を報告する

後日、「あなたのおかげで、〇〇ができました」と相手に結果や成果を報告し、再度お礼を伝えよう

ていたら誰も声をかけてくれません。しかし「道に迷っているのですが」と声をかけると、想像以上にやさしく丁寧に教えてもらえた、ということがよくあります。

人間は、誰かに頼られると嬉しく感じる生きものです。あなたも「役に立てて嬉しい」と感じたことはありませんか？　人に助けてもらったら、余裕があるときに自分も同じことをすればいいだけ。誰にも迷惑をかけずに生きられる人は、ひとりもいません。なるべく早めに、信頼できる人にＳＯＳを出しましょう。あなたを心配している人、気にかけてくれる人はかならずいます。

先輩たちからひと言　定期的に顔を出す場所と、定期的に会う人をつくろう！

「しんどいモード」のサインが出たら

こんなときはとにかく寝よう

自分責めモード

「ボーッと過ごしてしまった」

「余分なものを
買ってしまった」

「やらなきゃいけないことが
あるのにやってない」

無力感モード

「私はやっぱりダメなやつ」

「私にはなんの能力もない」

「このままどん底まで落ちて、
二度と戻れないに違いない」

頭の働き低速モード

「簡単な取扱説明書を
読んでも、操作できない」

「いつもは素早くできるのに、
スピードが落ちてしまった」

ネガティブ感情だだ漏れモード

「大したことじゃないのに
涙が出る」

「親しい友達にキレてしまう」

「不安な気持ちが
止まらない」

しっかり休息を取り、心と体が回復してくると、
誰かと比べて落ち込んだり、わけもなく
イライラしたりすることが、少しずつ減ってくるはず

とにかく寝る
寝るにかぎる

体や心が疲れて「しんどい」と感じているときには、4つの兆しがあります。

1つ目は、「自分責めモード」。自分は何をやってもダメだという気持ちになり、1日のうちに何度か自分を責めてしまう状態です。

2つ目は、「頭の働き低速モード」。今まで簡単にできたことが、できなくなってしまう状態です。

3つ目は、「無力感モード」。1

なかなか眠れないときは……

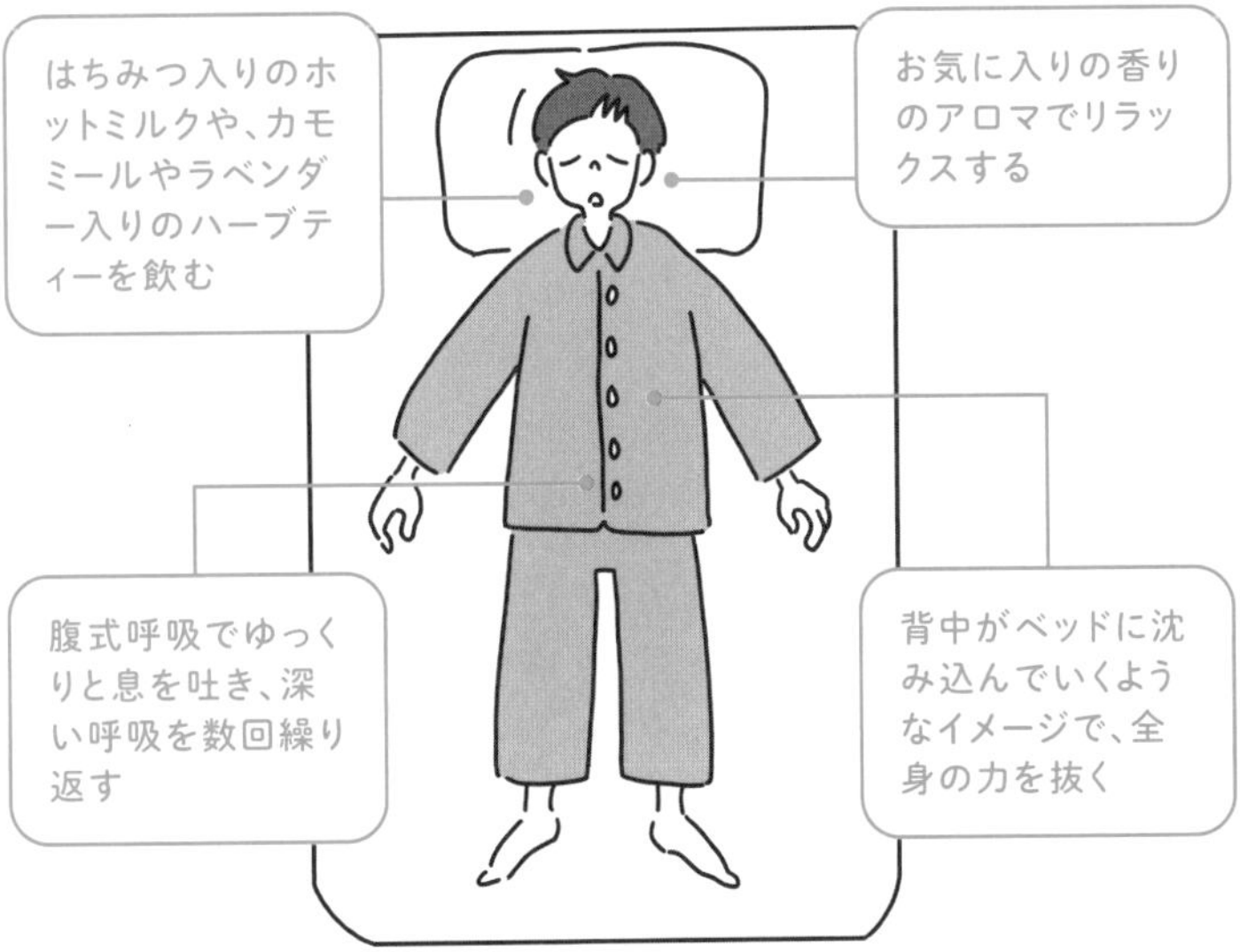
はちみつ入りのホットミルクや、カモミールやラベンダー入りのハーブティーを飲む
お気に入りの香りのアロマでリラックスする
腹式呼吸でゆっくりと息を吐き、深い呼吸を数回繰り返す
背中がベッドに沈み込んでいくようなイメージで、全身の力を抜く

! スマホやテレビの視聴、筋トレ、カフェイン入りの飲みものには目覚まし作用があるので要注意！

つ目、2つ目が悪化した状態です。将来になんの希望も持てなくなり、情けない自分を責め続けてしまいます。

4つ目は、「ネガティブ感情だだ漏れモード」。本人は疲れ果てていて、心穏やかに過ごしたいと思っているけれど、不安や怒り、嫉妬などに気持ちが支配されてしまう状態です。

このような状態になったときは、自分が思っている以上に体が弱り、疲れています。「なんとかしなきゃ」と焦るのではなく「体が疲れてるんだ」と考えて、まずはトータルで1日8時間以上寝るよう心がけ、ゆっくりと体を休めましょう。

先輩たちからひと言　これまでの経験上、メンタルがやられるときは、だいたい寝不足か運動不足

あえて生産性のない1日を過ごす

Check!

- ☑「今日は“自分のために”ゆるっと過ごそう」と事前に決めておくと、気がラクになる
- ☑「ムダな1日を過ごしてしまった……」と後悔しない
- ☑ 時間を気にしない。急げば急ぐほど自律神経が乱れ、イライラや疲労がつのる

ノルマや目標を立てず気ままに過ごそう

旅行や買いもの、スポーツなど、刺激的で楽しいアクティブなストレス解消法は、瞬間的に気持ちがラクになりますが、体には疲れがたまります。そのため翌日になると、いっそう気持ちが沈んでしまうことも。

また、アクティブなストレス解消法は、大人数で楽しむものが大半です。**人間関係はストレスの原因になりやすいもの。**多くの人と

癒やし系のストレス解消法の例

- ゆっくり眠って体を休める
- ゆったりした音楽を聴く
- 動画や映画を観る
- 気心の知れた仲間とおしゃべりを楽しむ
- マッサージ店や美容室などでくつろぐ
- 無理のない範囲で料理をする
- アロマテラピーなどで良い香りをかぐ
- おいしいものをゆっくり食べる
- 手芸やお絵描きなど気ままに手先を動かす
- 近場にフラッと食事に行く
- 自然や動物に触れる
- マンガや本を読む

関われば関わるほど、心はダメージを受けやすくなり疲労がたまってしまいます。

疲れたときは、観光地やテーマパークなどの混雑した場所ではなく、**自宅や行き慣れた静かな場所で「癒やし系」のストレス解消をするのがおすすめです。**

何か特別なことをやろうとせず、「今日は生産性のない1日を過ごせた！」と心の底から言えるような時間を過ごしましょう。ポイントはノルマや目標を決めないこと。

先のことは気にせず、「いま自分が楽しいと思えることをしよう」と考えて、自分のためにゆるゆると過ごすのがおすすめです。

先輩たちからひと言 買いものでストレス解消していたらお金がなくなり、よりストレスがたまった

嫌な記憶は書き出して忘れよう

感情の勢いに任せて思いっきり書く！

腹が立ったときは、嫌な出来事や嫌な相手のことを紙に書き出してみましょう。**感情の勢いに任せ、イライラをぶつけて書いていくと、やがて心が落ち着いてきます。**

冷静になってきたら、被害者モードを極力そぎ落として、相手の視点に立ってみましょう。そうすれば、「あの人は忙しくて余裕がなかったのかもしれないな」と全体を俯瞰して見られるようになる

いったん「出す」ことが肝心

STEP 1 嫌だったことと、自分の感情を書き出す

**Aさんにめっちゃ叱られた。
あんな言い方なくない？ ムカつく、悲しい。
本当はこうしてほしかった**

STEP 2 被害者モードを極力そぎ落として、相手の視点に立ってみる

忙しくて余裕がなかったからでは？

STEP 3 今後の対策を書き出す

**忙しいときは、なるべく
近づかないようにしよう**

繰り返し行うと……

**何枚も書くうちに、どんどん嫌な感情が
ダウンサイジングされていく。
冷静になったときに読み返して、
「もういいや」と思えたら紙を捨てるのがベスト**

はずです。

さらに「忙しそうなときには、なるべく近づかないようにしよう」と、今後の対策を練っておくと、嫌な記憶はさらに薄れるでしょう。

ポイントは、「1回書けば忘れられる」と思わないこと。そもそも人の心は、ゆっくりと変化していくものです。

過度に期待せず、「気持ちをラクにするために、ちょっとやってみようかな」という程度のスタンスで、何度も紙に書き出してみてください。繰り返し書くうちに、記憶が薄れていくことに気づくはずです。「もういいや」と思えたら、嫌な記憶と一緒に紙を捨てましょう。

落ち込んだときは気圧と体調をチェック

Check!

チェック項目が多い人ほど、天気の変化によって体調やメンタルを崩しやすいタイプ

- ☑ 気圧の変化に敏感
- ☑ 日光を浴びる時間が短い
- ☑ 食事が偏っている
- ☑ 寝付きが悪い、起きるのがつらい
- ☑ 肩がこりやすい
- ☑ 乗りもので酔いやすい
- ☑ 新幹線や飛行機に乗ったとき耳が痛くなりやすい

落ち込んだら気圧予報を確認!

生理管理アプリと気圧予報を使おう

これといった理由がないのに気分が落ち込むこともありますよね。

そんなときは、セロトニン不足や睡眠不足のほか、気圧の変化やホルモンバランスの乱れが原因なのかもしれません。

気圧の変化は、「気圧予報」で把握することができます。「気圧予報」は、天気予報サイトやアプリで日々配信されています。

また、女性の場合、**ホルモンバ**

なぜか気分が落ち込むときの原因

原因1

気圧の変化

【対処法】規則正しい生活を心がけて自律神経を整える

気温差が激しい春先や、低気圧が続く梅雨どき、夏から秋にかけての台風シーズンは、気圧が変動しやすく、体が受ける影響が大きくなる。覚えておこう

原因2

ホルモンバランスの乱れ

【対処法】リラックスタイムをつくる・バランスよく食べる・無理なダイエットをしない

ホルモンバランスの乱れによって起こるPMS（月経前症候群）は、薬で治療ができる。生理周期と気分の落ち込みが連動している場合は、婦人科を受診してみよう

原因3

セロトニン不足

【対処法】朝日を浴びる・よく噛んで朝食を食べる・朝に軽い運動をする

特に女性は、セロトニンの分泌量が男性の約半分と言われている。気分が落ち込んだときは、起床後の過ごし方を変えてみよう

原因4

睡眠不足

【対処法】睡眠時間を確保する・質の良い睡眠をとる・15分間昼寝をする

最適な睡眠時間は、人によって異なる。まずは目安とされている6.5時間を基準に考え、少しずつ調整しながら自分に必要な睡眠時間を探っていこう

ランスの変化は、生理管理アプリを使うと、簡単にチェックすることができます。

生理日や気分の浮き沈みをカレンダーに入力していくと、体調やメンタルを崩しやすい日を予測できるようになります。予測ができると、「この日は予定を入れないようにしよう」と前もって準備することも可能です。

落ち込んだときは、自分を責める前に、気圧とホルモンバランスを確認してみてください。自分のせいではなく、天気やホルモンのせいで落ち込んでいることがわかると、「それならしかたない」と気持ちがラクになりますよ。

先輩たちからひと言　「低気圧つらい～」と言い合える人がいるだけで少しラクになる

COLUMN 8

それってほんとに「自分のせい？」

相手の問題かも？

あなたがどんなに最善を尽くしても、相手に問題があれば円滑なコミュニケーションはとれません。また、**相手の問題はあなたが解決できるものではありません**。自分でコントロールできないものを変えようともがくのはやめ、距離をとったり環境を変えたり、自分でコントロールできることに努力の矛先を向けましょう。「前はいい人だったのに」「きっと変わってくれるはず」という期待は厳禁です。

生育環境の問題かも？

親からの虐待、親との離別、きょうだい差別などの子どものころの環境が原因で、大人になっても**情緒や人との関係づくりに苦労することがあります**。自己肯定感が低く人の言葉に傷つきやすかったり、他人に依存しがちだったり、思考が0か100かで極端だったり……。これらはあなたのせいではありません。たとえば「愛着障害」「パーソナリティ障害」などの関連書籍で対処方法を学んだり、カウンセラーや専門家に相談したりすることが大切です。

脳の働き方の問題かも?

生まれつき脳の働き方が独特な「発達障害」や「発達障害グレーゾーン」の人は、コミュニケーションやマルチタスクが苦手、ミスが多いなどの傾向があります。幼いころから先生に注意を受けたりクラスメイトに笑われたりという経験をしていると、自分に自信がなくなってしまいますよね。でも、適性のある仕事や興味のある分野では力を最大限に発揮できますので、関連書籍を読むなどして、**自分の脳の働き方の特性を知る**ところから始めてみましょう。

社会の問題かも?

「自己責任」という言葉に縛られないようにしましょう。自分のせいではなく、社会のせいであることも多いのです。たとえば、賃金が低いのはあなたの能力が低いからではなく、賃金を上げる政策をとれなかった政治の責任です。生活に余裕がないのは、あなたのお金の管理が下手なのではなくて、物価や税金が高すぎるからという側面もあるでしょう。自分がどんなに努力しても、根本的な原因解決にはならないのです。社会や政治へ目を向け、何が自分の生活を圧迫しているのかを確認し、選挙などで意思表示をしましょう。

巻末付録

トラブルガイドライン

ひとり暮らしはトラブルにあいやすい

しんどいときに人を頼るのは
恥ずかしいことじゃない。

いざというときに助けてくれる
相談窓口や公的機関が
実は、たくさんある。
友達や親には言えない悩みを
匿名で聞いてくれる場所もある。

困ったとき、つらいとき
ひとりで悩まないで。

住まいのトラブル1

エアコン・水漏れ、カギetc

設備機器が壊れた

とにかく、管理会社か大家さんに連絡

自分の不注意や管理不足のときは自己負担になりますが、経年劣化や施工不良の場合は、基本的に管理会社や大家さんが修理・交換を行います。すぐに管理会社か大家さんに連絡しましょう。連絡がとれず、水漏れなど緊急を要するときは、自分で依頼するしかありませんが、業者の評判を調べてから依頼したり、写真や動画を撮っておくなどの対処が必要です。

管理会社・大家さんの連絡先をメモしておこう

住まいのトラブル2

家賃を値上げしたいと言われた

根拠やデータを見せてもらい、話し合いをする。

妥当な理由がないなら、消費者センターや消費者相談窓口に相談

契約内容の変更は双方の合意が必要なので、一方的に値上げをすることはできません。値上げを打診するからには、固定資産税が上がったなどの根拠があるはずなので、納得できるデータや資料を見せてもらい、話し合いをしましょう。好戦的にならず、「家賃をそのままにしてくれたら長く住み続けたいと思っています」など交渉してみましょう。

全国の消費者センターや消費者相談窓口を案内してくれる
消費者ホットライン：188

住まいのトラブル3

退去時に高額なクリーニング代を請求された（敷金が返ってこなかった）

不注意で汚した、傷つけた、全然掃除や管理をしていなかった等なら自己負担はやむなし。

そうでない場合は消費者センターや消費者相談窓口に相談

自分の不注意が原因だとしても高すぎる、という場合も相談してみましょう。契約時に「クリーニング特約・原状回復の特約（退去時の費用負担に関する特別な定め）」の合意があったとしても、請求額が多すぎるケースは相談してみるといいでしょう。トラブルを避けるためにも、契約時には「特約」の内容をしっかり確認しておくことをおすすめします。

全国の消費者センターや消費者相談窓口を案内してくれる消費者ホットライン：188

どちらの負担？

経年変化や、通常の使用による損耗・キズ等は管理会社や大家さんの負担

例

○壁に貼ったポスターや絵画の跡
○壁等の画鋲、ピンの穴（下地ボードの張り替えが不要な程度のもの）
○家具の設置による床のへこみ
○畳や壁紙の日焼け
○冷蔵庫やテレビ後部壁面の黒ずみ（電気ヤケ）
○網入りガラスの亀裂（構造により自然に発生したもの）
○網戸の張り替え（破損してないが次の入居者確保のために行うもの）

故意・過失や、通常の使用方法に反した使用が原因なら自己負担

例

○壁等のくぎ穴、ネジ穴（重量物をかけるためにあけたもので、下地ボードの張り替えが必要な程度のもの）
○畳の焼け焦げ
○不注意が原因のフローリングの色落ち
○キャスター付きのイス等によるフローリングのキズ・へこみ
○カーペットに飲みもの等をこぼしたことによるシミ、カビ
○引っ越し作業でできたひっかきキズ
○結露を放置したため拡大したシミ、カビ
○冷蔵庫下のサビ跡、キッチンの油汚れ等
○飼育ペットによる柱等のキズ
○タバコのヤニ

犯罪のトラブル1

空き巣にあった

室内に犯人が
潜んでいるかもしれないので、
外に出てから110番通報。
何も触らず、証拠を残す

凶器を持った犯人と鉢合わせる場合があるため、室内にとどまるのは避けます。警察に通報した後、室内に誰もいないようなら写真を撮っておきましょう。その際は、指紋や足跡など、犯人の証拠を消さないようにするのが重要です。室内が荒らされていなくても、閉めたはずの窓が開いている、カギが壊れているなどの不安があるなら、かならず通報。警察に通報した後は、管理会社や大家さんに連絡。クレカ会社や銀行にも、利用停止手続きの連絡を入れましょう。

まずは警察:110。管理会社や大家さんに連絡しつつ、左ページの手続きを。加入している火災保険の「盗難保険」の対象になっているかも確認

一刻も早く利用停止の手続きをするもの

	連絡先	電話番号をメモしておこう
クレジットカード	クレジットカード会社受付窓口のコールセンター	
キャッシュカード・預金通帳・印鑑（実印）	銀行の問い合わせ窓口（実印の場合は、市区町村の役所も）	
スマホ	スマホ決済に使っている銀行、ネットショッピングの際に使っているクレジットカード会社など	

なるべく早めに再交付の手続きをするもの

	連絡先	電話番号をメモしておこう
運転免許証	各都道府県警察の運転免許センター	
保険証	加入している保険組合、または市区町村の国民健康保険窓口	
マイナンバーカード	マイナンバー総合フリーダイヤル	
パスポート	各都道府県のパスポートセンター	

犯罪のトラブル2

性被害にあった

まずは安全な場所、安心できる場所へ。
なるべく証拠を残した状態で、
ワンストップ支援センター（#8891）、
警察の性犯罪被害
相談電話（#8103）へ相談

ワンストップ支援センターでは、警察にどう相談すればいいかの相談（警察に同行するなどのサポートも）、医療機関の紹介、弁護士と連携したサポートなど、総合的な支援をしてくれます。警察に行く前は、本当に気持ち悪いかもしれませんが、なるべくシャワーは浴びずに証拠を残しておくことをおすすめします。被害にあったときに着ていた服は、洗わずにビニール袋に入れて保存しておきましょう。DNAという非常に強い証拠を残すことができます。

産婦人科医療やカウンセリング、法律相談などの専門機関とも連携しているワンストップ支援センター#8891
警察の性犯罪被害相談電話#8103

覚えておこう

アフターピルの処方は被害から72時間以内

できるだけ早く病院に行き、緊急避妊のためのアフターピルを処方してもらいましょう。ケガがないかを診てもらい、性感染症の検査もしましょう。

証拠は洗わずにビニール袋に入れて持っていく

◯被害にあったときに着ていた衣服・下着

◯被害にあう前に飲んだもの・食べたものの残りや容器

周りの人ができること

被害者は、「私が悪かった」「あのとき気をつけていたら」「あんな場所に行かなければ」等、自分を何度も責めたりします。「あなたは悪くない」「あなたに落ち度も責任もない」と、繰り返し伝えてください。

！ 言ってはいけないこと

「なぜそんなことになったのか」

「あの人がそんなことするはずがない」

「◯◯しなければよかった」

「早く忘れてしまえばよい」

「◯◯すべき」

「あなたなら大丈夫」

犯罪のトラブル3

詐欺にあった

これ以上お金を払わない。被害を最小限にとどめるのが重要。

「○円払わないと解約できない」などと言われても無視

詐欺かどうかまだわからないけど怪しい、という場合は警察の「相談窓口専用ダイヤル」に相談してみましょう。ただし、警察は犯人逮捕には動いてくれますが、お金を取り戻してはくれません。お金を取り戻したいときは、国民生活センターに相談してみましょう。同時に、証拠を保存しておくことも大切です。相手とのやりとりや取引履歴を保存し、相手から電話がかかってきたらメモをとるか、ボイスメモで録音しておくのもおすすめです。

警察の相談窓口専用ダイヤル#9110
国民生活センターの消費者ホットライン:188

よくある詐欺の例

金融商品詐欺

「投資初心者でも簡単に月収○万円!」「簡単な投資で資金を増やしてみませんか?」「購入者を紹介してくれれば報酬が出ます」

○「国税庁法人番号公表サイト」で会社が実在するか検索

○「絶対」「100%」「元本保証あり」など、金融商品の勧誘で使えないフレーズを使っていないか確認

フィッシング詐欺

「口座が不正に悪用されています」「あなた名義のキャッシュカードで買いものをした人がいます」「○○のアカウントがロックされました」

○URLつきのメールが来た場合は、サイトのURLと公式サイトを比較する(特に.comの前)

○IDやパスワードを入力しない

○銀行に確認する

個人売買の詐欺

「発送はしたので待ってください」「説明文をよくお読みください」

○説明文に、「箱のみ」「写真のみ」「1/10スケール」など、騙そうとしている文言がないか確認

○商品が届くまで取引を完了しない

○追跡できる発送方法を選ぶ

還付金詐欺

「払戻金(還付金)があります」「お金が戻るのでATMに行ってください」

○ATMで還付金は戻ってこない

○電話、メール、ハガキで「お金」や「キャッシュカード」の話が出たら、詐欺の可能性が高い

架空料金請求詐欺・ワンクリック詐欺

「コンビニで電子マネーカードを買って、カード番号を教えてください」「有料サイトの利用料金が未納です」

○無視する

○事業者に電話しない

○シャッター音が鳴っても「顔写真を撮られてしまった」と思い込まない

融資保証金詐欺

「無担保、低金利、保証人不要で融資が可能です」「○万円まで即日融資」

○「お金を借りるのに先に保証金を払え」は詐欺

○正規の貸金業者では「保証金」や「借入金データの抹消手続料」など、いかなる名目であっても融資を前提に現金の振り込みを要求することはない

事故・災害のトラブル1

交通事故にあった、事故を起こしてしまった

ケガ人がいるときは真っ先に119番に連絡。絶対に自分で示談交渉しないこと

交通事故を起こした場合、「負傷者の救護」「道路上の危険の除去」「警察への報告」が法律で義務づけられています。相手に「警察に言わないでほしい、示談ですましたい」と言われても、かならず警察に連絡しましょう。自分が加害者になってしまったときも同様です。金銭的なやりとりについては保険会社が教えてくれるので、とにかく冷静に!

救急:119　警察:110
あとは、保険会社の電話番号をスマホの連絡帳に入れておこう

事故にあった場合(被害者になった場合)

そのときは大丈夫でも後から後遺症が出る場合もあるので、かならず警察と保険会社に連絡。自分が動けないときは事故の相手、または周囲の人の手を借りる。もし、相手が逃げようとしていたら先に連絡先や車のナンバーなどを控えておこう

❶ケガをしているときはすぐに救急車を呼ぶ
❷警察に連絡する
❸相手の氏名・住所・連絡先、加入している保険会社などの情報を控える
❹目撃者の連絡先を聞いておく
❺保険会社に連絡する

事故を起こした場合(加害者になった場合)

絶対に逃げないこと。ケガ人がいなくても、車や自転車で建物などにぶつかった場合も警察への連絡は必要。ケガ人がいるときは、すぐに救急車を呼び、救急車がくるまでの安全確保を最優先で行う

❶ケガ人がいるときはすぐに救急車を呼ぶ
❷警察に連絡する
❸相手の氏名・住所・連絡先、加入している保険会社などの情報を控える
❹目撃者の連絡先を聞いておく
❺保険会社に連絡する

事故・災害のトラブル2

火事が起きた

最初の3分が大事！
隣近所へ大声で知らせ
（声がでないときはヤカンなどを叩き）、
一刻も早く119番へ連絡

キッチンの油やストーブの灯油の場合は絶対に水をかけないこと。酸素を遮断することが一番重要です。火に近づかず消火器や消火スプレーで火を抑えましょう。電化製品が発火したときはプラグを抜きます。カーテンや布団、ふすまなどは床に置いて足で踏み、水をかけます。天井まで火が届くようだったら、すぐに外に避難しましょう。可能なら、空気が入らないようにドアや窓を閉めておきます。

消防：119

事故・災害のトラブル3

地震、台風、水害etc.
災害にあった

被害が少なければ自宅で待機、安全が確保できなければ避難所へ。

外出先で帰宅が難しいときは、
無理に帰宅しようとせず近くの安全な施設へ

自宅の近くの避難所はあらかじめ確認しておくこと。地図がなくても行けるように経路を覚えておきましょう。モバイルバッテリーは普段から持ち歩き、被災時はなるべく電力を消費しないようにスマホを使います。外出先で被災し、交通機関が止まっているときは、安全な施設で再開を待ちましょう。自宅で被災したときのための備蓄や避難の服装は、次のページを参考にしてください。

被災地への通信が増加し、つながりにくい状況になった場合は
災害用伝言ダイヤル:171

詳しくは次のページへ

避難するときの服装

あれば
◯ヘルメットや防災用帽子
◯軍手
◯マスク
◯レインコート（傘は×）

コンタクトではなくメガネで
清潔に保たなくてはいけないコンタクトは不向き

リュック
懐中電灯とモバイルバッテリーをすぐ出せるようにしておく。入れておくものは左ページ参照

サコッシュに貴重品
移動中は、リュックかアウターのなかに入れる。避難所などでトイレに行くときも、かならず持ち歩くこと。寝るときはタオルでサコッシュごと包み、枕にすると盗難防止になる

底の厚い運動靴
歩きやすい靴を選ぶ。長めの靴下をはき、足首が出ないように。長靴は避ける

長袖・長ズボン
ポケットに防犯ブザーや笛を入れておく

あらかじめTwitterで
フォローしておこう！

首相官邸（災害・危機管理情報）
@Kantei_Saigai

NHKニュース
@nhk_news

気象庁防災情報
@JMA_bousai

女性が避難する場合は……

ピンクなど明るい色合いの服を避ける（避難所で性犯罪に巻き込まれるリスクを軽減するため）。また、避難所では下着も人目に触れるところに干す場合があるため、目立たないものを準備しておくのがおすすめ

リュックと2次持ち出し袋に分けておく

リュックに入れる備蓄品は無理なく持てる重さにしておく。
入りきらない場合は、優先度の低いものを別のバッグに入れ、
2次持ち出し用にするのがおすすめ。
すぐ取り出せる場所に置いておこう

リュックに入れる

- ☑ **水・給水袋**
- ☑ **食料3日分**
  レトルト食品、缶詰、野菜ジュース、栄養補助食品、加熱なしで食べられる加工品、自分の好物
- ☑ **着替え**
- ☑ **衛生用品・生理用品**
  トイレットペーパー、ティッシュ、除菌シート、歯ブラシ、洗顔用品、生理用品、タオル
- ☑ **医薬品**
- ☑ **筆記用具**
- ☑ **耳栓・アイマスク**
- ☑ **電源のいらない娯楽用品**

2次持ち出し袋に入れる

- ☑ **防寒具**
  寝袋や毛布のほか、アルミブランケットなども便利
- ☑ **災害用調理器具**
  カセットコンロや紙皿、割り箸など
- ☑ **簡易トイレ**
  ラップやビニール袋も一緒に

備蓄品は「ローリングストック」しておく

食品や日用品は、日常生活のなかで普段よりも少し多めにストックを用意して、使った分だけ新しく買い足す「ローリングストック」で備蓄しておこう

健康のトラブル1

急に体調が悪くなった、ケガをした

「病院へ行くべきか」「救急車を呼ぶべきか」迷ったら、#7119に電話を

ネットなどの情報で自己診断せず、医師、看護師、救急隊経験者等の職員が対応してくれる「#7119（救急安心センター事業）」に電話で相談しましょう。ただし、対応していない地域もあるので、事前に確認しておくことをおすすめします。体が動く場合は、救急車を呼んだ後に玄関のカギを開けておくこと。元気なうちに、緊急病院と内科の場所を調べ、タクシーアプリも入れておくと安心です。

救急安心センター事業#7119　救急：119
近所の内科と緊急病院の連絡先をメモしておこう

健康のトラブル2

医療費が高額で払えない

健康保険限度額適用認定証、
高額療養費貸付制度、高額療養費制度など、
公的な制度をフル活用しよう

市区町村の国民健康保険窓口に事前に申請し、「健康保険限度額適用認定証」が交付されていると、病院からの医療費請求額が自己負担限度額で済みます。また、「高額療養費貸付制度」とは、無利子で医療費を借りられる制度。医療機関に相談のうえ、保険証を持って市区町村の役場の保険年金担当課へ行き、申請しましょう。医療機関や薬局の窓口で支払う医療費が1ヶ月（1日から末日まで）で上限額を超えた場合は、「高額療養費制度」が使えます。保険証に「○○保険組合」と書いてあればその保険組合に、市区町村名が書いてあれば市区町村の国民健康保険窓口に相談しましょう。

問い合わせ先：市区町村の保険年金課、保険組合または
市区町村の国民健康保険窓口

仕事・お金のトラブル1

職場がブラックだった

各都道府県の「総合労働相談コーナー」や「労働条件相談ほっとライン」に相談

ブラック企業に長く勤めていると、通常の判断ができなくなります。まずは信頼できる友達に客観的な目線でどう思うか聞いてみましょう。1ヶ月の残業時間が80時間を超えていると「過労死ライン」。タイムカードを切ってから残業させるケースも多々あるため、労働時間（出勤・退勤時間）を毎日自分でメモしておくのがおすすめ。パワハラなどのハラスメントも、日付を入れたメモや録音で証拠を残しておくといいでしょう。

「都道府県名　総合労働相談コーナー」で検索
労働条件相談ほっとライン：0120-811-610

ブラック企業の特徴

- ☑ 労働時間が長すぎる、仕事量が多すぎる
- ☑ 残業代が出ない
- ☑ 休めない
- ☑ パワハラやモラハラ、セクハラがある
- ☑ いじめや嫌がらせがある
- ☑ 辞めさせてもらえない
- ☑ 不当にクビになった

退職したいのに辞めさせてもらえない場合

「辞めるなら給料は払わない」「おまえが辞めたことで受けた損害の賠償金を請求する」などと言われたら、労働基準監督署に相談すること。引き留める圧力がひどいようなら、退職代行業者に依頼する手もある。辞めた後、失業手当を受けるために必要な「離職票」を出さない会社もある。その場合はハローワークに相談しよう

仕事・お金のトラブル2

体やメンタルを壊し、働けなくなった

最寄りのハローワークへ相談し、失業給付を受給する。または、市区町村の生活福祉相談窓口に相談

失業給付がもらえるのは離職後1年間です。病気やケガ、妊娠・出産、育児、介護などですぐに働けない人は、延長申請をしましょう。本来の受給開始日を先送りして、働くことができない期間(最長3年)の延長申請ができます。会社に勤めていなかった人は、市区町村の生活福祉相談窓口で相談してみましょう。一人ひとりの状況に合わせて、専門の支援員が他の専門機関と連携して、解決に向けた支援プランを立ててくれます。

最寄りのハローワーク
市区町村の生活福祉相談窓口

「生活保護」をおそれないこと

責任感が強く、我慢強い人ほど生活保護を受けることに抵抗を覚えるかもしれないが、生活保護は私たちの生活を守るための権利だと考えよう。生活保護に関する相談を受けている福祉事務所の職員には守秘義務があるため、個人情報が漏れることはないし、再就職する際に不利になることもない。ただし親や親族に対しては「扶養できませんか?」と問い合わせがある（DVや虐待を受けている場合は行われない）

必要な条件例

- ☑ 世帯全体の月収が13万円以下
- ☑ 家族や親戚などから支援を受けられない
- ☑ 病気・ケガ・育児・介護などの理由で働けない
- ☑ 土地や家などの資産を持っていない　など

※雇用保険などで生活資金を得られる場合は生活保護を受けられない

生活保護を受けるまでの流れ

1. 最寄りの福祉事務所へ行く
2. ケースワーカーによる家庭訪問を受ける
3. 扶養照会と金融機関への調査が行われる
4. 審査結果の通知書が届く
5. 地域ごとに決められた支給日に、支給額が振り込まれる

仕事・お金のトラブル3

借金が返せない

絶対にひとりで抱え込まないこと。冷静な判断ができなくなります。催促は無視せず、相談窓口に連絡

借金返済を1～3ヶ月滞納すると、催促の通知が来ます。催促は絶対に無視してはいけません。無視すると、一括請求が来たり、ブラックリストに登録されたり、給料の差し押さえにあうなど、状況が悪化します。ブラックリストに登録されると、5～10年はローンが組めません。まずは、どこからいくら借りていて、返済日はいつなのかをすべて書き出しましょう。そのうえで、相談窓口や信頼できる友人に相談を。ひとりで抱え込むことだけは避けましょう。

法テラス・サポートダイヤル：0570-078374
多重債務ほっとライン：0570-031-640

トラブルが起きたときの相談先いろいろ

電話番号	目的	詳細内容
110	警察 （事件·事故）	警察の通信司令センターにつながります。事件·事故の緊急通報の際にダイヤルしてください
119	消防署 （火事·救急）	災害救急情報センターにつながります。火事の緊急通報、救助·救急車の要請の際にダイヤルしてください
118	海上保安庁 （海の事件·事故）	海上保安庁につながります。海上における事件·事故の緊急通報の際にダイヤルしてください
171	災害用 伝言ダイヤル	災害時に、音声メッセージを残せるサービスです。災害時のみ使える番号ですが、定期的に体験利用を実施しています
188	消費者 ホットライン	訪問販売や通信販売、悪党商法によるトラブルのほか、製品·サービスの利用による事故やトラブルなど、消費者として被害にあったときに相談できる窓口です
#7119	救急車を呼ぶか 迷ったとき	救急安心センター事業につながります。医師や看護師などの専門家に、病気やケガについて緊急の相談ができる窓口です
#9110	警察に連絡するか 迷ったとき	警察相談専用電話につながります。ストーカーやDV被害、悪質商法など、幅広く相談できます。被害が発生する前でも相談可能です
#8891	性被害に あったとき	ワンストップ支援センターにつながります。医師による心身の治療、心理的支援、捜査関連の支援、法的支援などの総合的な支援を可能なかぎり1ヶ所で提供してくれます
0120-811-610	職場がブラック だったとき	労働条件相談ほっとラインにつながります。有休がとれない、残業が多いなど、労働条件について気軽に相談できます
0570-031-640	借金を 返せないとき	多重債務ほっとラインにつながります。借金の返済方法や司法手続き、家計や生活について相談できる窓口です。内閣府の認定を受けた公益組織なので、相談料はかかりません
0570-003-110	人権を 侵害されたとき	みんなの人権110番につながります。差別や虐待、パワハラなど、人権に関する相談ができる窓口です。インターネット上でのプライバシー侵害や名誉棄損についても相談できます
0570-064-556	悩みごとが あるとき	心の健康相談統一ダイヤルにつながります。心のケアや悩みの解決方法などに対応してくれる窓口です。ひとりでは抱えきれない悩みや苦しみがあるときに、誰でも利用できます
0120-783-556	死にたく なったとき	いのちの電話につながります。「死にたい」「消えたい」「生きることに疲れた」など、つらい気持ちを専門の相談員が受けとめてくれる窓口です

本書を、これからひとり暮らしを始める人に贈る方は、
メッセージをどうぞ！
メモ欄としてもご使用くださいね。

参考文献、参考サイト一覧

[参考文献]

- 『とにかくメンタル強くしたいんですが、どうしたらいいですか?』下園 壮太 著/サンマーク出版
- 『すみません、金利ってなんですか?』小林 義崇 著/サンマーク出版
- 『精神科医が教える ストレスフリー超大全 ―― 人生のあらゆる「悩み·不安·疲れ」をなくすためのリスト』樺沢 紫苑 著/ダイヤモンド社
- 『節約·貯蓄·投資の前に 今さら聞けないお金の超基本』朝日新聞出版 編/朝日新聞出版
- 『ALSOKが教える おひとり女子が自分を守るための本』ALSOK著/主婦の友社
- 『オトナ女子の不調をなくすカラダにいいこと大全』小池 弘人 監修/サンクチュアリ出版
- 『東京防災』東京都総務局総合防災部防災管理課 編/東京都
- 『東京くらし防災』東京都総務局総合防災部防災管理課 編/東京都
- 『きょうの健康』2019年12月号/NHK出版
- 『お得技シリーズ205 オトナ女子の不調ケアお得技ベストセレクション』晋遊舎
- 『日本人はなぜ臭いと言われるのか 体臭と口臭の科学』桐村 里紗 著/光文社

[参考サイト]

- 金融庁『基礎から学べる金融ガイド』https://www.fsa.go.jp/teach/kou3.pdf
- 金融庁『教えて 虫とり先生』https://www.fsa.go.jp/policy/nisa2/attention/01/index.html
- 金融庁『多重債務についての相談窓口』https://www.fsa.go.jp/soudan/
- 消費者庁『若者に多い消費者トラブルに関するこれまでの注意喚起』
  https://www.caa.go.jp/policies/policy/consumer_education/consumer_education/basic_policy/assets/basic_policy_210322_0007.pdf
- 内閣府 男女共同参画局『女性に対する暴力の根絶』
  https://www.gender.go.jp/policy/no_violence/index.html
- 名古屋市男女平等参画推進センター 名古屋市女性会館「イーブルなごや」
  『恋するふたりのためのデートDV入門』https://e-able-nagoya.jp/ladies/date_dv/
- セコム株式会社『女性のためのあんしんライフnavi』
  https://www.secom.co.jp/sp/anshinnavi/
- 公益財団法人 日本心臓財団 https://www.jhf.or.jp
- 公益社団法人 日本口腔外科学会『口腔外科相談室』 https://www.jsoms.or.jp/public/

華井由利奈　はない ゆりな

ライター。愛知県出身。大学卒業後、印刷会社に就職。コピーライターとしてトヨタ系企業など100社以上の取材を行う。2016年に独立。現在は、女性活躍、ビジネス、教育、生活情報など幅広い分野で執筆。大学や教育講座での講演も行う。著書に『一生困らない 女子のための「手に職」図鑑』(光文社)。

[著者エージェント]
アップルシード・エージェンシー　https://www.appleseed.co.jp/

イラスト　OGA
カバーデザイン　坂川朱音
本文デザイン　坂川朱音、平山みな美

一生《いっしょう》役《やく》に立《た》つ
しんどくならない
「ひとり暮《く》らし」ハンドブック

2023年1月30日　初版第1刷発行
2023年4月30日　　　第4刷発行

著　者　華《はな》井《い》由《ゆ》利《り》奈《な》

発行者　三宅貴久
発行所　株式会社　光文社
〒112-8011　東京都文京区音羽1-16-6
電話　編集部　03-5395-8172
書籍販売部　03-5395-8116
業務部　03-5395-8125
メール　non@kobunsha.com
落丁本・乱丁本は業務部へご連絡くだされば、お取り替えいたします。

組　版　萩原印刷
印刷所　萩原印刷
製本所　ナショナル製本

©Yurina Hanai 2023 Printed in Japan ISBN978-4-334-95353-9